國貿研究小組 著

國貿實務

國貿業務技術士丙級▶學科 第5版

五南圖書出版公司 印行

序

　　勞動部勞動力發展署所開辦之國貿業務技術士技能檢定，對國貿相關科系的學生及有心從事國貿業務工作的社會人士，都是一項能夠自我檢視國貿專業知識的絕佳機會。本書乃依勞動部勞動力發展署公告之國貿業務丙級技能檢定學科800題題庫所編輯，並具備下述特色：

1. 配合國貿實務教科書，將題庫作有系統的整理分析，讀者不僅可以配合學校課程，亦可同時準備國貿業務技術士技能檢定。

2. 對於非屬國貿實務之題庫內容，如經貿常識、貿易法規、海關實務及外匯業務的部分，本書也作了完整分析，故讀者無須再參考其他相關專業書籍。

3. 三回合模擬試題，可供讀者自我測試，除瞭解自身實力外，更可加強較弱的學科部分。

　　本書不只希望對準備參加國貿業務技術士技能檢定的讀者有所幫助，編輯上更是朝完整、精緻、多元的國貿實務專業用書看齊，或許在分量上不及一般國貿實務教科書，但在內容上必可幫助國貿相關科系學生及有心從事國貿業務工作的社會人士。

　　本書編輯群涵蓋多位技專院校老師，雖皆有多年授課經驗，但國貿實務所涉層面不僅廣泛，更隨政府法令及國際環境而時有變動，編者們畢竟學驗有限，若有任何疏漏之處，尚祈讀者們不吝指正。

目　錄

第 4 章　基本交易條件 / 065

第 5 章　常用貿易英文 / 089

第 6 章　要約、承諾、索賠 / 111

第 7 章　貿易條件與報價 / 129

第 8 章　信用狀 / 143

第 9 章　進出口結匯與融資／169

第 10 章　貨物運輸保險、輸出保險／193

第 11 章　國際貨物運輸／211

模擬試題 / 231

1
商業道德、經貿常識

商業道德

第一節　商業道德

一、從事國貿業務開發時

1. 應主動推銷。
2. 注意國際禮儀。
3. 態度應誠懇實在。
4. 應重視買賣雙方的長期利益。

二、代表公司招待國外客戶時

1. 應注意國際禮儀。
2. 尊重客戶文化背景。
3. 事先瞭解客戶有無飲食禁忌。
4. 避免強行要求客戶接受我國習俗。

三、代表公司與國外客戶洽談交易時

1. 遵守誠信原則。
2. 努力爭取公司的最大利益。
3. 避免誇大不實的說明公司產品優點。
4. 注意傾聽，瞭解客戶需求。

四、國外參展時

1. 向客戶介紹商品時，不論對象是誰，均應詳細解說。
2. 尊重智慧財產權，禁止仿冒，以正常方式取得品牌授權，生產出口。
3. 避免誇大不實的說明公司產品優點。

五、遵守進出口法規

1. 進口大陸物品：
   應先查詢該項產品是否為准許進口項目，再行辦理進口。
2. 出口貨品產品本身或外包裝上產地標示的做法：
   依據「原產地認定標準」，正確標示產地。
3. 進出口簽審規定：
   應遵守相關規定，並隨時注意規定有無更新或修改。

第 二 部 分
經貿常識

第一節　世界貿易組織WTO

一、WTO基本理念與規範準則

(一)無歧視之貿易

在對外關係上，須對來自所有會員之貨品給予同等最優惠待遇之「最惠國待遇」（Most-Favored-Nation Treatment）；在對內關係上，則須對自會員進口之貨品給予與

本國貨品同等待遇之「國民待遇」（National Treatment）。

(二)經由談判逐步開放市場

GATT於1948年締訂以來，迄至烏拉圭回合談判爲止，歷經多次談判後，關稅已大幅調降，某些產品甚至降至零關稅，同時關稅約束之範圍也大爲擴大。

(三)經由對關稅與農業補貼之約束，以及服務業市場開放之承諾等，建立市場開放之可預測性

(四)促進公平競爭

WTO允許在少數情況下，採取限制競爭之措施，以維持公平貿易，例如：反傾銷措施與平衡稅措施等。

(五)鼓勵發展與經濟轉型

WTO貿易與發展委員會提供技術協助給開發中國家及正進行轉型至市場經濟之國家，而WTO會員中有四分之三以上之會員爲開發中國家，或過去屬於非市場經濟體系而正進行轉型至市場經濟之國家。

二、WTO組織架構

WTO最高決策之機構爲「部長會議」，由所有會員代表組成。於部長會議之下，設有「總理事會」、「貿易政策檢討機構」及「爭端解決機構」，負責相關事務。在總理事會下另設有「貨品貿易理事會」、「服務貿易理事會」，以及「與貿易有關智慧財產權理事會」，負責有關貨品貿易、服務貿易與保護智慧財產權規範之執行。

WTO另設有秘書處，以秘書長爲首，其主要功能乃在協助各會員國執行WTO所屬各機構之決議事項，並負責處理WTO日常行政事務。秘書長之任命、權力、職責、服務條件及任期，皆由部長會議決定之。

三、我國入會之經過

我國曾是WTO前身——「關稅暨貿易總協定」（GATT）之創始會員國，因故於1950年退出，1965年重返GATT成爲觀察員，1972年因喪失聯合國會籍而被迫退出。

1990年1月1日依GATT第33條規定，以在對外貿易關係上具自主權地位的「臺灣、澎湖、金門及馬祖個別關稅領域」向GATT秘書處提出入會申請，歷經多年努力，終於在2001年完成各項雙邊與多邊入會經貿諮商，於2002年1月1日成爲WTO第144個會員。

【註】統計至2013年12月4日，WTO共計有160個會員國。

第二節　區域整合

一、區域經濟組織類型及特點

類型〡特點	自由貿易區	關稅同盟	共同市場	經濟聯盟	政治同盟
會員國間無產品關稅	＊	＊	＊	＊	＊
對外採取一致性關稅		＊	＊	＊	＊
生產因素自由移動			＊	＊	＊
經濟政策協調				＊	＊
政治政策協調					＊

二、全球區域整合

(一)歐盟（EU）成員

比利時、賽普勒斯、捷克共和國、丹麥、德國、希臘、西班牙、愛沙尼亞、法國、匈牙利、愛爾蘭、義大利、拉脫維亞、立陶宛、盧森堡公國、馬爾他、荷蘭、奧地利、波蘭、葡萄牙、斯洛伐克、斯洛維尼亞、芬蘭、瑞典、英國、羅馬尼亞和保加利亞。克羅埃西亞於2013年7月加入後，歐盟成員增加至28個國家。

(二)歐元區（Eurozone）成員

奧地利、比利時、芬蘭、法國、德國、希臘、愛爾蘭、義大利、盧森堡、荷蘭、葡萄牙、西班牙、斯洛維尼亞、賽普勒斯、馬爾他、斯洛伐克、愛沙尼亞、拉脫維亞，及2015年新增會員立陶宛，歐元區成員共19個國家。

(三)東南亞國協（ASEAN，簡稱東協）

係指東協10國：泰國、馬來西亞、印尼、菲律賓、汶萊、新加坡、柬埔寨、越南、寮國、緬甸。

(四)「東協加1」（或稱「十加一」）

即東協十國加上中國。

(五)「東協加3」

係指東協十國加上中國、日本、韓國三國。

(六)金磚四國（BRICs）

巴西（Brazil）、俄羅斯（Russia）、印度（India）與中國（China）。

高盛證券經濟研究團隊預言：2050年，世界經濟強權會劇烈洗牌，新六大經濟體的面孔將變成：中國、美國、印度、日本、巴西、俄國。即現有的六大工業國（G6），只剩美國與日本，英、德、法、義將被淘汰出局，由中國、印度、巴西、俄國四國取代成為新經濟強權。因此，四個國家英文名稱第一個字母組成的BRIC，音同磚塊（Brick），故稱「金磚四國」。

(七)自由貿易協定（Free Trade Agreement）

係指兩個或兩個以上的經濟體或主權國家，藉由降低彼此關稅、或減少其他規費、或排除妨礙彼此進行自由貿易的障礙，進而促進彼此貿易活動之協定。我國目前簽訂自由貿易協定的國家，計有巴拿馬、瓜地馬拉、尼加拉瓜、薩爾瓦多、宏都拉斯及中國。

(八)亞太經合會議（APEC）

包含我國在內共計21個會員體，其目的在促進亞太地區經濟繁榮。

(九)世界八大工業國組織（Group of Eight，簡稱G8）

共計法國、美國、英國、西德、日本、義大利、加拿大及俄羅斯。

第三節　我國貿易法規

我國各項對外貿易法規之母法為貿易法，自民國82年起公布施行。

一、貿易法第17條：規定出進口人執業禁止之行為
　　(一)侵害我國或他國依法保護之智慧財產權。
　　(二)未依規定標示來源識別、產地或標示不實。
　　(三)未依規定申報商標或申報不實。
　　(四)使用不實之輸出入許可證或相關貿易許可、證明文件。
　　(五)未依誠實及信用方法履行交易契約。
　　(六)以不正當方法擾亂貿易秩序。
　　(七)其他有損害我國商譽或產生貿易障礙之行為。
二、貿易法第25條：業務上知悉或持有他人貿易文件或資料足以妨礙他人商業利益者，除供公務上使用外，應保守秘密。
三、貿易法第26條：出進口人應本誠信原則，利用仲裁、調解或和解程序，積極處理貿易糾紛。主管機關應積極推動國際貿易爭議之仲裁制度。
四、貿易法第28條：出進口人有左列情形之一者，經濟部國際貿易局得予以警告或處新臺幣三萬元以上三十萬元以下罰鍰或停止其一個月以上一年以下輸出、輸入或輸出入貨品：
　　(一)違反第5條規定與禁止或管制國家或地區為貿易行為。
　　(二)違反第6條第1項規定之暫停貨品輸出入行為或其他必要措施者。
　　(三)違反第11條第2項限制輸出入貨品之規定。
　　(四)違反第13條之1第1項規定，未經許可輸出或未經取得出口國之許可文件輸入。
　　(五)違反第15條第1項規定，未依輸出入許可證內容辦理輸出入。
　　(六)有第17條各款所定禁止行為之一。
　　(七)違反第24條規定，拒絕提供文件、資料或檢查。
　　(八)違反第25條規定，妨害商業利益。
　　　有前項第(一)款至第(五)款規定情形之一，其情節重大者，經濟部國際貿易局除得依前項處罰外，並得撤銷其出進口廠商登記。

重 點 練 習

（　）1. 貿易從業人員從事國貿業務開發時，下列作爲何者錯誤？　(1)應主動推銷　(2)注意國際禮儀　(3)可製作誇大的產品型錄　(4)態度應誠懇實在。

（　）2. 出進口人應秉持下列何項原則，利用仲裁、調解或和解程序，積極處理貿易糾紛？　(1)誠信原則　(2)利潤至高原則　(3)迴避不理會原則　(4)堅持不妥協原則。

（　）3. 在國外參展向客戶介紹商品規格時，應該抱持著何種態度？　(1)視客戶與自己的關係而決定　(2)可以誇大商品品質　(3)不論對象是誰，均應詳細與其解說　(4)看客戶的採購數量多寡決定。

（　）4. 依照我國貿易法規定，未依誠實及信用方法履行交易契約之出進口人，經濟部國際貿易局得處以新臺幣多少罰鍰？　(1)一萬元以上，十萬元以下　(2)三萬元以上，三十萬元以下　(3)五萬元以上，五十萬元以下　(4)十萬元以上，一百萬元以下。

（　）5. 下列何者非我國貿易法第17條規定，出進口人執業禁止之行爲？　(1)侵害我國或他國依法保護之智慧財產權　(2)未依規定標示來源產地或標示不實　(3)未依規定申報商標或申報不實　(4)未依規定支付進口銷售代理商高額佣金。

（　）6. 下列何者非我國貿易法之規定，出進口人會損害我國商譽或產生貿易障礙之執業禁止行爲？　(1)未依誠實及信用方法履行交易契約　(2)未依規定委託報關行辦理報關手續　(3)以不正當方法擾亂貿易秩序　(4)使用不實之輸出入許可證或相關貿易許可、證明文件。

（　）7. 出進口人有違反我國貿易法第17條規定執業禁止之行爲時，經濟部國際貿易局得予以：a.警告；b.處新臺幣三萬元以上，三十萬元以下罰鍰；c.停止其一個月以上，一年以下輸出入貨品；d.情節重大者得撤銷其出進口廠商登記，下列何者正確？　(1)bcd　(2)acd　(3)abc　(4)abcd。

（　）8. 從事國際貿易時，一般而言，買賣雙方相距遙遠，下列何者正確？　(1)遵照買賣雙方契約規定或合意進行交易　(2)取得貨款後，即使發生糾紛也可

不予理會 (3)刻意挑剔對方貨品並殺價以降低進口成本 (4)開發信用狀時,語句故意模糊以利殺價,甚至拒付。

( ) 9. 為行銷商品到其他國家,貿易業者常至海外參展,有關參展行銷,下列何者正確? (1)會展現場新產品眾多,公司可以不必進行研發新產品,只要仿冒即可低價快速推出新產品 (2)公然展示未參展公司之仿冒品 (3)尊重智慧財產權,以正常方式取得品牌授權生產出口 (4)複製其他公司設計之產品,以低價搶單賺取最大利潤。

( ) 10. 貿易從業人員經手國外客戶資料時,下列何者正確? (1)應保守機密 (2)販售給競爭同業 (3)販售給名單業者 (4)未經公司許可大肆宣傳。

( ) 11. 代表公司招待國外客戶時,下列何者錯誤? (1)注意國際禮儀 (2)尊重客戶文化背景 (3)事先瞭解客戶有無飲食禁忌 (4)強行要求客戶接受我國習俗。

( ) 12. 代表公司與國外客戶洽談交易時,下列何者錯誤? (1)遵守誠信原則 (2)努力爭取公司的最大利益 (3)誇大不實說明公司產品優點 (4)注意傾聽,瞭解客戶需求。

( ) 13. 貿易從業人員離職後對於前公司之營業秘密之處理方式,下列何者正確? (1)仍應保守機密 (2)販售機密給競爭同業 (3)透露給媒體獲取利益 (4)可善加利用以獲取利益。

( ) 14. 貿易從業人員對於本國進出口簽審規定,下列何者錯誤? (1)應遵守相關規定從事貿易 (2)隨時注意規定有無更新或修改 (3)對於規定不清楚時可請教主管機關或專家 (4)對於規定不清楚時可以不遵守。

( ) 15. 我國目前最大的貿易逆差對手國主要位在 (1)西歐 (2)北美 (3)東南亞 (4)東北亞。

( ) 16. 世界貿易組織(WTO)的最高決策機構為 (1)部長會議 (2)總理事會 (3)爭端解決機構 (4)貿易政策檢討機構。

( ) 17. 我國自哪一年起正式加入世界貿易組織(WTO)成為會員國? (1)2001年 (2)2002年 (3)2003年 (4)2004年。

( ) 18. 我國各項對外貿易法規之母法為 (1)輸出管理辦法 (2)輸入管理辦法

(3)貿易法　(4)出進口廠商管理辦法。

(　) 19. 下列何者非金磚四國（BRICs）之一？　(1)中國　(2)印度　(3)印尼　(4)俄羅斯。

(　) 20. 東協（ASEAN）加「三」的「三」，係指哪三國？　(1)中國、香港、臺灣　(2)中國、日本、韓國　(3)中國、香港、日本　(4)日本、韓國、臺灣。

(　) 21. 以保護瀕臨絕種野生動植物為目的之國際條約或協定書為　(1)蒙特婁議定書　(2)京都議定書　(3)華盛頓公約　(4)里約宣言。

(　) 22. 我國加入WTO 係以下列哪一名義申請加入？　(1)臺灣　(2)臺澎金馬關稅領域　(3)臺灣關稅領域　(4)中華民國。

(　) 23. 每年G8 高峰會由成員國輪流接任主辦，與會國會在政治、經濟、軍事等各方面交流意見，何謂G8？　(1)世界八大貿易國組織　(2)世界八大工業國組織　(3)世界八大農業國組織　(4)世界八大已開發國家組織。

(　) 24. 我國為表揚前一年出進口實績前十名及出口成長率前十名之績優廠商所頒發之獎項稱為　(1)金商獎　(2)金貿獎　(3)小巨人獎　(4)磐石獎。

(　) 25. 我國目前已加入下列哪些「國際經濟組織」？a.WTO；b.APEC；c.ASEAN；d.EU　(1)ab　(2)bc　(3)ac　(4)bd。

(　) 26. 下列哪一項規定違反WTO國民待遇原則？　(1)政府規定來自外國的童裝必須檢驗是否含有螢光物質，國產童裝則毋須檢驗　(2)政府規定來自中國的進口貨品必須航經第三國港口，其他國家的進口產品則可以直航　(3)政府規定來自外國的汽車與國產汽車均須通過相同的檢驗標準　(4)政府規定來自狂牛疫區的牛肉不准進口。

(　) 27. 會員國間無關稅，對外採取一致性關稅，勞力及資本可以自由移動，請問這是哪一類經濟組織？　(1)關稅同盟　(2)共同市場　(3)經濟聯盟　(4)自由貿易區。

第一章

解答：

1.	2.	3.	4.	5.	6.	7.	8.	9.	10.
(3)	(1)	(3)	(2)	(4)	(2)	(4)	(1)	(3)	(1)
11.	12.	13.	14.	15.	16.	17.	18.	19.	20.
(4)	(3)	(1)	(4)	(4)	(1)	(2)	(3)	(3)	(2)
21.	22.	23.	24.	25.	26.	27.			
(3)	(2)	(2)	(2)	(1)	(1)	(2)			

2
貿易概論、進出口流程

貿易概論

第一節　國際貿易的主體與客體

一、國際貿易的主體為貿易商（出進口廠商）

　　凡依公司法設立的公司，或依商業登記法設立的商號，得依據「出進口廠商登記辦法」的規定，向國貿局登記為出進口廠商，經營出進口業務。

　　出進口廠商登記相關規定如下：

(一)公司、商號申請登記為出進口廠商前，應先向經濟部國際貿易局申請預查英文名稱。

(二)預查之英文名稱經核准者，保留期間為六個月。

(三)出進口廠商登記與擬用英文名稱預查，可同時辦理。

(四)臨櫃辦理出進口廠商登記時，應向國貿局貿易服務組、高雄辦事處或經濟部中、南區聯合服務中心辦理。

二、國際貿易的客體為貨物

國際貿易商品標準分類：

(一)國際商品統一分類制度

國際商品統一分類制度簡稱調和制度或HS，係由關稅合作理事會制定，其優點為：

1. 減少各國相關資料轉換的時間及費用。
2. 各國相關資料可以直接進行比較分析。
3. 便於貿易談判及協商。
4. 便於商情資料的蒐集。

(二)我國進出口貨品分類制度

我國進出口貨品分類制度稱爲中華民國商品標準分類或C.C.C. Code，共計11位碼。

C.C.C. Code 1-10位碼			檢查號碼 11位碼
稅則號別1-8位碼		統計號列9-10位碼	
HS號別1-6位碼	課徵關稅7-8位碼		

第二節　國際貿易型態

一、依買賣標的物之流向區分

(一)出口貿易（Export Trade）
本國出口商將貨物運銷至國外的交易。

(二)進口貿易（Import Trade）
本國進口商自國外出口商購進貨物並運至國內的交易。

(三)過境貿易（Transit Trade）
　　1. 進出口商直接訂立買賣契約。因只有一個買賣契約，故屬於直接貿易。

2. 貨物並非直接由出口國運至進口國，而是經由第三國或地區轉運。

3. 通常為政治或地理環境之因素，如內陸國家因無海港，故必須透過第三國或地區轉運。

4. 就第三國而言，通常對過境之貨物並不課徵關稅，故貨物是以保稅方式通過第三國。

二、依買賣標的物的型態區分

(一)有形貿易（Visible Trade）

交易之商品為有形之原料、機器設備、電器品、紡織品等，必須經過通關手續，故被海關列入貿易統計上。

(二)無形貿易（Invisible Trade，又稱服務貿易）

交易之商品為無形之金融、運輸、保險、觀光、通訊、技術、智慧財產權等，因無須經過通關手續，故不被海關列入貿易統計上。目前大部分已開發國家皆以無形貿易為重，以美國為例，雖在有形貿易上顯示為赤字，但其無形貿易卻占極重的分量。

三、依交易進行的途徑區分

(一)直接貿易（Direct Trade）

進出口商直接進行交易，並不假手第三國業者。

(二)間接貿易（Indirect Trade）

進出口商並非直接進行交易，而是透過第三國業者來達成交易者。

常見的間接貿易可分為：

項目　　　　　種類	三角貿易 （Merchanting Trade）	轉口貿易 （Intermediary Trade）	轉換貿易 （Switch Trade）
買賣契約關係	由第三國之中間商分別與進出口商訂立買賣契約，故有兩個買賣契約。		
主體制或佣金制交易	本質上，出口商、進口商及中間商皆為自負盈虧責任的主體制交易。		兩者情形皆有。

項目　　　　種類	三角貿易 （Merchanting Trade）	轉口貿易 （Intermediary Trade）	轉換貿易 （Switch Trade）
貨物是否在第三國卸貨	貨物直接由出口國運至進口國。	貨物由出口國運到第三國後，經改包裝或加工或原封不動，再轉運至進口國。	貨物在第三國實質上或形式上轉運。
貨款清償	契約當事人各自清算。	契約當事人各自清算。	透過中間商處理貨款之清算，常為外匯短缺國家或地區所採用。

四、依貨款清償方式區分

(一)商業方式貿易

國際貿易以貨幣作為清償工具。

(二)易貨方式貿易

國際貿易不以貨幣為清償工具，係以貨品為償付的工具。

五、依經營風險的不同區分

(一)主體制貿易（Business on Profit）

1. 進出口商以自己名義經營貿易。
2. 由自己負擔盈虧。

(二)佣金制貿易（Business on Commission）

1. 中間商不以自己名義從事交易。
2. 不負擔交易盈虧風險，以服務賺取佣金。
3. 可分為：

    (1)代理交易（Transaction through Agent）：

    代理商以本人的名義與他人從事交易，並從中賺取佣金，而交易的盈虧則由本人負擔，故為以本人名義，為本人計算之交易。

    (2)委託交易（Transaction through Factor）：

    受託人以自己的名義與他人從事交易，並從中賺取佣金，而交易的盈虧

則由本人負擔，故爲以自己名義，爲本人計算之交易。可分爲：

①委託採購（Indent）：

國內廠商接受進口商委託，向國內供應商採購貨物，運交進口商，國內廠商僅從中收取佣金。

②委託銷售（Consignment，又稱寄售）：

出口商將貨物運往國外，委託國外廠商代爲銷售，國外廠商僅從中抽取佣金，而盈虧風險仍由出口商自行負責。

六、依產銷模式區分

(一)原廠委託製造（Original Equipment Manufacturing，簡稱OEM）

生產廠商僅負責產品之製造，再以國外廠商之品牌及通路在市場上行銷。

(二)原廠委託設計（Original Design Manufacturing，簡稱ODM）

生產廠商負責產品之設計與製造，再以國外廠商之品牌及通路在市場上行銷。

(三)自創品牌行銷（Original Brand Marketing，簡稱OBM）

生產廠商自行建立國際行銷網路，以自有品牌或商標銷售產品。

七、相對貿易（Counter Trade）

乃指以全部商品（或勞務）或以部分商品（或勞務）抵償貨款的交易方式。近幾年來，相對貿易之採行愈行普遍，其原因有：

(一)市場競爭激烈

國際市場競爭激烈，如能以相對貿易方式交易，將可提高達成交易之機會。

(二)外匯短缺

許多開發中國家由於信用評等水準較低，在缺乏外匯又借不到資金的情況下，故改以相對貿易之方式進行。

(三)外債增加

由於相對貿易可省下不少外匯，對開發中國家而言，不僅得以降低其外債，更可減少貿易赤字。

(四)能源危機

在1973～74年石油危機之後，許多西方石油進口國急於鞏固長期及有保證的石油供給來源，故以提供物資及服務之相對貿易方式來進行石油交換。

相對貿易常見種類如下：

(一)易貨交易（Barter Trade）

買賣雙方根據一份契約之約定，直接交換等值之商品或勞務，而雙方當事人之間完全沒有使用貨幣的交易方式。此易貨方式盛行於1950年代，如今較少使用此種以物易物之商業活動，係因為交易之雙方，很難同時具有等值之財貨，且為對方所需要之商品以資交換，較缺乏彈性與效率。

(二)補償交易（Compensation Trade）

簽署協議之雙方，由一方出售消費性商品，同時承擔購買對方一定數額商品之義務，而另一方則以進口與原銷售商品毫無關聯的其他商品，以抵補全部或部分之原銷售貨款。此交易之清償方式可利用特殊信用狀，如背對背信用狀。

(三)相對採購交易（Counter Purchase）

參與之雙方必須簽署雙方特定產品或服務交換之協議，如一方出售機械設備及技術給對方時，附帶承諾對方或其指定人購買與其所出售設備及技術不相干之產品，或甚至與賣方所經營業務完全無關之產品。此種交易貨物價值可相等或不相等，視雙方約定而定。一般賣方向買方相對購買之財貨、勞務金額都低於出口金額，其通常占銷售契約總值之一特定比例。

(四)產品購回協定（Product Buy-Back Agreement）

簽署協議之雙方，由一方出售機械設備、生產技術或勞務等，同時承擔購買對方一定數額商品之義務，而另一方則以進口之機器設備、生產技術或勞務所衍生之產品或相關產品，以抵補全部或部分之原銷售貨款。此項交易也是西方國家為了應付共產國家，不許私有部門──特別是外國公司──擁有生產之資源而設計出來的。過去幾年，這種購回協議之相對貿易在許多開發中國家與新興工業國家普遍盛行。

八、整廠輸出貿易（Plant Export）

(一)適合使用此方式之商品

1. 硬體設備：如機械、器具及材料製作。
2. 軟體設備：如整體機能所需Know-How及技術人員勞務。
3. 工程建設：如廠房之設計、機械之安裝、試車、運轉。

(二)特性

交易金額大、交易期間長、交易風險大、付款期限長、競爭激烈、附加價值高。

第 二 部 分
進出口流程

第一節　進出口流程

一、交易前之準備

(一)市場調查

進出口商透過市場調查，以瞭解交易對手國市場特性及交易商品供需情況。

(二)信用調查

進出口商透過信用調查，以瞭解交易對手信用狀況，作為建立業務關係之基礎。

二、交易磋商

(一)推銷（Promotion）

主動發出推銷函件。

(二)詢價（Inquiry）

詢問各項交易條件。

(三)報價（Offer）

提出欲達成交易的各項條件。

(四)還價（Counter Offer）

對報價條件提出變更或修改。

(五)接受（Accept）

完全同意報價條件。

(六)確認（Confirmation）

對對方的接受進一步表示確認。

(七)契約成立（Contract）

買賣雙方經上述磋商程序達到意思一致，契約即告成立。

三、簽訂契約書

(一)書面確認方式

由出口商寄送售貨確認書（Sales Confirmation）或預期發票（Proforma Invoice）給進口商；或由進口商寄送購貨確認書（Purchase Confirmation）或訂單（Order）給出口商。

(二)簽訂契約書方式

由出口商寄送輸出契約（Export Contract）給進口商會簽；或由進口商寄送輸入契約（Import Contract）給出口商會簽。

四、履行契約

(一)出口商

交付貨物並收取貨款。

(二)進口商

支付貨款並收取貨物。

五、開發信用狀

(一)申請開狀

進口商向其往來銀行（即開狀銀行）申請開發信用狀。

(二)開發信用狀

開狀銀行依進口商之指示開出信用狀。

(三)通知信用狀

信用狀透過出口商所在地之通知銀行，核驗押碼或簽字無誤後，轉交給出口商。

六、備貨

備貨在整個貿易流程中，占有非常重要的地位，出口商可以安排自行生產或向供應商採購，但皆須依照契約的規定。一般來說，備貨的主要核對內容如下：

(一)貨物品質、規格

應按契約的要求核實。

(二)貨物數量

保證符合契約或信用狀對數量的要求。

(三)備貨時間

根據契約或信用狀規定，並配合船期安排。

七、洽訂艙位

出口商備妥貨物後，應向船公司洽訂艙位，由船公司發給裝貨單（Shipping Order，簡稱S/O），憑以辦理出口報關及裝船事宜。

八、報驗

貨物如為應實施出口檢驗的項目，出口商必須在貨物裝運前，完成貨物檢驗之各項手續。

九、投保

(一)在CIF或CIP貿易條件下

出口商必須負責投保貨物運輸保險。

(二)在FOB貿易條件下

由進口商在開狀前，投保貨物運輸保險。

十、出口報關

(一)貨物進儲指定地點
出口商將貨物送交海關指定地點，以便海關查驗。

(二)出口報關
出口商可委託報關行代為報關。

(三)海關放行
貨物經海關查驗無訛後即放行。

(四)裝船
貨物經海關放行後，即可裝運出口。

十一、裝船

(一)裝貨單（Shipping Order，簡稱S/O）
出口商將裝貨單給船公司，憑以裝貨。

(二)大副收據（Mate's Receipt，簡稱M/R）
船公司裝妥貨物，在大副收據上簽字後交予託運人。

(三)提單（Bill of Lading，簡稱B/L）
託運人憑船公司簽署的大副收據換取正本提單。

十二、裝船通知

出口商向進口商發出裝船通知（Shipping Advice），方便進口商購買保險或準備進口報關、提貨等相關事宜。

十三、出口押匯及求償

(一)辦理押匯
出口商備妥信用狀上所規定之單據，向其往來銀行（即押匯銀行）辦理押匯。

(二)墊付押匯款項
押匯銀行審單無誤後，扣除手續費，將款項先墊付予出口商。

(三)寄單求償

押匯銀行再將單據寄往開狀銀行求償。

十四、付款贖單及換單

(一)付款贖單

進口商付清貨款後，即可取得正本提單。

(二)換單

進口商以正本提單向船公司換取提貨單（或稱小提單，Delivery Order，簡稱 D/O），以便辦理進口報關及提貨事宜。對船公司而言，其作用乃為保障其運費或相關費用之收取。

十五、進口報關及提貨

(一)進口報關

進口商備妥相關單據委請報關行辦理報關。

(二)放行

海關查驗無訛後即放行。

(三)提貨

貨物經海關放行後，進口商即可憑提貨單提領貨物。

第二節　我國貿易相關機構

一、貿易管理機構

經濟部（MOEA）國貿局（Board of Foreign Trade，簡稱BOFT）：為貿易業務主管機關，掌理進出口廠商、貨物數量的管制、貿易推廣、提供商情服務、貿易談判和索賠輔導等。

二、貿易相關政府機構

(一)財政部（MOF）關務署（Customs Administration）
掌理貨物進出口的驗關、徵稅、退保稅等。

(二)中央銀行（CBC）外匯局（Foreign Exchange Department，簡稱FED）
掌理各種匯款之審核、外匯買賣之清算。

(三)經濟部標準檢驗局（Bureau of Standard, Metrology and Inspection，簡稱
　　BSMI）
掌理進出口貨物的品質檢驗工作。

(四)指定銀行（又稱外匯銀行）
由中央銀行外匯局授權辦理外匯業務的銀行。

(五)外交部
協助廠商參加國際商展事宜。

(六)交通部
審理交通運輸工具及無線電訊器材之進出口。

(七)教育部
審理教育文化用品之進出口。

(八)國防部
戰略物資進出口之管制。

(九)行政院衛福部
進出口藥品之檢驗登記。

(十)行政院農委會
進出口動植物及其產品之檢疫。

(十一)行政院新聞局
審理出版品及影片進出口。

(十二)行政院原子能委員會

審理放射性產品進出口。

三、民間機構

(一)報關行（Customs Broker）

辦理進出口報關、保險、運輸和結匯等業務。

(二)中華民國對外貿易發展協會（TAITRA）

辦理國外市場調查、蒐集商情資料、介紹貿易機會、參加國外商展及培訓貿易人才等。

(三)公證行（Surveyor）

對進出口貨品執行質、量或包裝上的鑑定檢驗。

(四)運輸、保險公司

提供貨物運輸及保險的服務。

(五)快遞公司、電信局

提供郵件、電話、網路和傳真等服務。

第三節　國際貿易準備程序

一、市場調查

(一)市場調查的項目

1. 一般調查項目

   針對某一特定市場的調查，如地理環境、社會人文、交通運輸、政治法律、產業結構、貿易政策、關稅制度等。

2. 個別調查項目

   針對某一特定商品的調查，如供需、價格、通路、促銷、付款習慣、競爭者等。

(二)市場調查資料之來源

1. 初級資料（Primary Data，又稱第一手資料）

由自己蒐集資料，加以統計分析後使用。優點為客觀性強；缺點是所需時間長，故成本及困難度都較高。方法有：

(1)派人出國訪問實地調查。

(2)電話訪問。

(3)通信調查。

2. 次級資料（Secondary Data，又稱第二手資料）

使用他人蒐集整理之資料。優點為取得速度快，節省成本；缺點是過時的資訊，缺乏其他資料去判斷正確性。方法有：

(1)政府機構發行的各種刊物 。

(2)國內外專業市場研究調查機構出版的刊物。

(3)公會或各職業團體所發布的經貿刊物。

(4)國內外報紙、專業性雜誌刊物。

二、尋找交易對手

(一)尋找交易對手的方法

1. 積極的物色方法

(1)寄送推銷函（成本最低）。

(2)出國直接拜訪。

(3)刊登廣告。

(4)參加國內外商展。

(5)透過有關機構介紹。

2. 消極的物色方法

(1)根據國外發行的工商名錄發函。

(2)根據國內機構發布的貿易機會發函。

(3)與來訪交易對手洽談。

(4)與來函交易對手聯絡。

(二)招徠函寄送

    1. 招徠函附件

    出口商寄送招徠函時，通常都會附上價目表、商品目錄、市況報告及樣品，供買方參考。

    2. 價目表（Price List，簡稱P/L）

    為記載貨物名稱、規格及參考價格之文件。價目表之寄送，法律上視為要約引誘（非穩固報價），故價目表上所列各項條件及價格，僅供交易對方參考。

三、信用調查

(一)三C信用調查的目的

  1.瞭解交易對手的信用。

  2.減少商業風險。

  3.取得辦理輸出保險之文件。

(二)信用調查的項目

    1. 個人徵信：即所謂三C

    (1)品性（Character）

      經營者的人格信譽、商業道德、社會地位。

    (2)能力（Capacity）

      經營者的學識、經營、技術能力。

    (3)財力（Capital）

      經營者的資本額、損益情形。

    2. 國家徵信

    與個人信用調查之三C，合稱六C。

    (1)國別（Country）

      政治狀況、軍事力量。

    (2)貨幣（Currency）

      經濟狀況、產業結構。

(3)狀況（Condition）

社會狀況、勞資關係。

(三)信用調查的方法

1. 委託往來銀行辦理

委託往來銀行、交易對手提供之備詢銀行（Reference Bank）代為信用調查。

2. 委託專業徵信社辦理

委託專業的徵信機構，其信用調查項目多較為詳盡，資料也較確實，但費用較高。

3. 委託我國駐外商務機構、當地商會、同業公會或透過交易對手提供之往來客戶辦理

第四節　國際貿易風險

一、國內貿易之風險

有信用風險、商貨風險、運輸風險、價格風險。

二、國際貿易之風險

經營國際貿易較國內貿易來得複雜，相對的風險也較國內貿易高，除了須面臨與國內貿易相同且更複雜之風險：信用風險、商貨風險、運輸風險、價格風險外，更因國際貿易牽涉到兩個以上不同的國家或地區，故會產生匯兌風險、政治風險及法律風險。

(一)信用風險

賣方不依約交貨、遲延交貨；買方不開發信用狀、遲延付款。

(二)商貨風險

賣方交貨品質不符合契約；買方拒絕接受貨物。

(三)運輸風險

貨物在運輸過程中,可能發生之風險。

(四)價格風險

商品價格波動,造成買賣雙方可能之損失。

(五)匯兌風險

國際貿易如以外幣計價,當匯率變動時,將造成買賣雙方可能的匯兌損失。

(六)政治風險

一國政治發生重大危機,致買賣之一方無法履約之風險。

(七)法律風險

一國法律規章發生變動,致買賣之一方無法履約之風險。

重點練習

(　　) 1. 下列何者非國內貿易所可能面臨的特有風險？　(1)信用風險　(2)匯兌風險　(3)價格風險　(4)商貨風險。

(　　) 2. 我國現行申請登記出進口廠商的最低資本額下限爲新臺幣　(1)4百萬　(2)5百萬　(3)6百萬　(4)無限制。

(　　) 3. 下列貿易方式，何者不屬於間接貿易？　(1)三角貿易　(2)轉口貿易　(3)轉換貿易　(4)相對貿易。

(　　) 4. 我國目前貿易業務主管機關是　(1)中央銀行外匯局　(2)財政部金融局　(3)經濟部國際貿易局　(4)行政院經濟建設委員會。

(　　) 5. 若與外匯短缺的國家從事貿易，適合使用下列何種方式進行？　(1)過境貿易　(2)郵購貿易　(3)相對貿易　(4)無形貿易。

(　　) 6. 下列何者貿易方式係以貨品爲償付的工具？　(1)過境貿易　(2)寄售貿易　(3)易貨貿易　(4)轉口貿易。

(　　) 7. 下列何者是出口商將貨物運往國外，委託國外廠商代爲銷售，國外廠商僅從中抽取佣金，而盈虧風險仍由出口商自行負責者？　(1)三角貿易　(2)寄售貿易　(3)商業方式貿易　(4)易貨方式貿易。

(　　) 8. 外匯指定銀行是由下列何者指定授權辦理有關進出口外匯業務的銀行？　(1)國貿局　(2)外匯局　(3)檢驗局　(4)金融局。

(　　) 9. 在國際貿易過程中，可能出現進口商藉故不開發信用狀之情況，此一風險稱爲　(1)政治風險　(2)匯兌風險　(3)信用風險　(4)法律風險。

(　　) 10. 下列何者屬於有形貿易？　(1)專利　(2)保險　(3)成衣　(4)觀光。

(　　) 11. 對無形貿易，下列敘述何者有誤？　(1)保險屬無形商品　(2)需辦理進出口報關　(3)不列入海關貿易統計項目中　(4)國際旅遊屬無形商品。

(　　) 12. 進出口貿易業務所利用的市場資料中，屬次級資料者爲　(1)出國訪問所得資料　(2)本國公會及各職業團體所發佈之經貿刊物　(3)通信調查所獲資料　(4)委託國外市調機構取得之資料。

(　) 13. 貨物如通過第三國，但第三國並不介入其中貿易過程，就該第三國而言，係屬　(1)出口貿易　(2)進口貿易　(3)過境貿易　(4)三角貿易。

(　) 14. 有關國際貿易交易與國內貿易交易之不同，下列說明何者較不合適？(1)交易對手不同　(2)交易貨物種類不同　(3)風險不同　(4)使用幣別不同。

(　) 15. 下列何者是國際貿易的客體？　(1)貿易商　(2)進口商　(3)貨品　(4)出口商。

(　) 16. 有關轉口貿易的敘述，下列何者錯誤？　(1)為自負盈虧的主體制交易(2)有兩個買賣契約　(3)貨物由出口國直接運往進口國　(4)貨款以契約當事人各自清算。

(　) 17. 下列何者不是採行相對貿易之原因？　(1)外匯充裕　(2)外債增加　(3)能源危機　(4)市場競爭激烈。

(　) 18. 下列何者與信用風險無關？　(1)罷工暴動　(2)惡意詐欺　(3)拒付貨款(4)市場索賠。

(　) 19. 在商品買賣風險中，下列何者為常見的非市場風險？　(1)消費者拒買(2)市場索賠　(3)外匯兌換損失　(4)仿冒品及假貨風險。

(　) 20. 負責為進出口廠商辦理洽訂艙位、倉庫及提領貨物等業務的營利事業為(1)公證行　(2)報關行　(3)貨運行　(4)外匯指定銀行。

(　) 21. 出口商開具匯票向銀行辦理押匯，此種行為多在下列何種出口程序之後？(1)詢報價　(2)簽訂契約　(3)辦理出口報關　(4)辦理出口簽證。

(　) 22. 生產廠商自行建立國際行銷網路，以自有品牌或商標銷售產品稱為(1)OEM　(2)ODM　(3)OBM　(4)ORM。

(　) 23. 在從事三角貿易的保險條件中，由何者負責購買保險較佳？　(1)進口商(2)出口商　(3)運送人　(4)中間商。

(　) 24. 大陸「來料加工」的工廠，其身分應屬於　(1)進口商　(2)中間商　(3)受託之製造商　(4)代理商。

(　) 25. 將商品委託國內製造商生產後，以國外廠商之品牌在市場上行銷，這種製

造交易方式稱爲　(1)ODM　(2)OEM　(3)相對貿易　(4)整廠輸出。

(　　) 26. 我國廠商開發新產品，因行銷通路未能有效建立，只好將所設計之產品，依國外客戶所授與品牌或商標製造出口，形成另一種產銷模式，稱爲 (1)ODM　(2)OEM　(3)OBM　(4)OCM。

(　　) 27. 下列哪一步驟應於進口贖單之後辦理？　(1)進口簽證　(2)開發信用狀 (3)進口報關　(4)押匯。

(　　) 28. 出口商在從事國際貿易時，應辦理事項如下：a.簽訂買賣契約；b.辦理出口押匯；c.接受信用狀；d.報價；e.貨物裝運，其出口正確次序爲　(1)dacbe (2)daecb　(3)cdaeb　(4)daceb。

(　　) 29. 在 a.信用風險；b.商貨風險；c.匯兌風險；d.運輸風險；e.價格風險之中，以 D/A 爲付款方式較以即期信用狀者，具有更大風險的有哪幾項？　(1)ac (2)ad　(3)ce　(4)ae。

(　　) 30. 進出口廠商在招攬交易的函件中，標示Our Reference：The Bank of Taiwan Head Office，Taipei 是爲了　(1)方便交易對手開發信用狀　(2)方便交易對手進行信用調查　(3)方便交易對手以T/T 匯款　(4)方便交易對手以D/A 交易。

(　　) 31. 於招攬交易時，所寄送的價目表（Price List），其主要性質爲　(1)可替代買賣契約　(2)屬於穩固報價　(3)僅供買方參考　(4)可供申請開發信用狀之用。

(　　) 32. 下列何者屬於市場調查的個別調查項目？　(1)該市場的交通狀況　(2)該市場的關稅制度　(3)該商品在該市場的供需情形　(4)該市場的外匯狀況。

(　　) 33. 下列何者不是信用調查的項目？　(1)資本額　(2)損益情形　(3)營業能力 (4)員工福利。

(　　) 34. 信用調查項目中的「三C」指的是a.Character；b.Condition；c.Clearance； d.Cooperation；e.Capacity；f.Capital中的哪三項？　(1)abc　(2)aef　(3)abd (4)bdf。

(　　) 35. 調查對方有關經營能力、技術能力等的事項，是屬於下列信用調查項目中的哪一項？　(1)Character　(2)Capacity　(3)Capital　(4)Condition。

(　) 36. 下列哪一種尋找貿易對手的方法成本最低？　(1)寄發信函　(2)出國訪問　(3)刊登廣告　(4)參加商展。

(　) 37. 在全球運籌模式之下，整個供應鏈的國際交易通常形成所謂的　(1)多角貿易　(2)過境貿易　(3)轉口貿易　(4)轉換貿易。

(　) 38. 下列哪一個步驟須於出口報關前完成？　(1)出口押匯　(2)出口檢驗　(3)領取提單　(4)贖單。

(　) 39. 開發信用狀是在國際貿易過程中的　(1)交易前準備階段　(2)訂約階段　(3)履約階段　(4)善後處理階段。

(　) 40. 信用狀交易下，出口商何時可取得貨款？　(1)進口商訂貨時　(2)開狀時　(3)贖單時　(4)出口押匯時。

(　) 41. 以CIF條件交易時，下列何者不是出口程序之必要步驟？　(1)洽訂艙位　(2)投保貨物運輸保險　(3)繳納關稅　(4)出口報關。

(　) 42. 招徠函的附件通常不包括　(1)價目表　(2)商品目錄　(3)樣品　(4)契約書。

(　) 43. 佣金制之代理貿易是　(1)以本人名義，為自己計算　(2)以本人名義，為本人計算　(3)以自己的名義，為自己計算　(4)以自己名義，為本人計算。

(　) 44. 產品購回協定中，購買機械設備的一方大多為　(1)開發中國家　(2)已開發國家　(3)外匯充裕國家　(4)外匯短缺國家。

(　) 45. 下列何者為整廠輸出之特色？　(1)成交金額小　(2)附加價值低　(3)交易風險低　(4)交易期間長。

(　) 46. 下列何者不是相對貿易？　(1)易貨交易　(2)補償交易　(3)相對採購　(4)委託加工。

(　) 47. 下列何種發票在貿易過程中最先出現？　(1)Commercial Invoice　(2)Proforma Invoice　(3)Consular Invoice　(4)Customs Invoice。

(　) 48. 有關出進口廠商登記，下列敘述何者不正確？　(1)公司行號須辦理擬用英文名稱預查　(2)出進口廠商登記與擬用英文名稱預查不可同時辦理　(3)出進口商於擬用英文名稱核定起，六個月內辦理出進口廠商登記　(4)出進口

　　廠商登記應向國貿局貿易服務組、高雄辦事處或經濟部中、南區聯合服務
中心辦理。

(　　) 49. 在海關的貿易統計項目中，不包含下列哪一項交易？　(1)機器設備　(2)原
料　(3)技術　(4)紡織品。

第二章

解答：

1.	2.	3.	4.	5.	6.	7.	8.	9.	10.
(2)	(4)	(4)	(3)	(3)	(3)	(2)	(2)	(3)	(3)
11.	12.	13.	14.	15.	16.	17.	18.	19.	20.
(2)	(2)	(3)	(2)	(3)	(3)	(1)	(1)	(3)	(2)
21.	22.	23.	24.	25.	26.	27.	28.	29.	30.
(3)	(3)	(4)	(3)	(2)	(1)	(3)	(4)	(1)	(2)
31.	32.	33.	34.	35.	36.	37.	38.	39.	40.
(3)	(3)	(4)	(2)	(2)	(1)	(1)	(2)	(3)	(4)
41.	42.	43.	44.	45.	46.	47.	48.	49.	
(3)	(4)	(2)	(1)	(4)	(4)	(2)	(2)	(3)	

3
簽審、檢驗、報關

第 一 部 分
簽　審

第一節　進口簽證

一、概論

(一)進口簽證乃指簽發輸入許可證（Import Permit, Import Licence，簡稱I/P或I/L）。

(二)免證進口乃指免除申請輸入許可證。

二、限制輸入貨品表

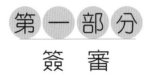 貨品進口管理——負面表列輸入規定一覽表

進口貨品類別		貨品輸入規定
限制輸入貨品（簽證）	管制輸入貨品	須由國貿局辦理進口簽證，才可輸入。
	有條件准許輸入貨品	

進口貨品類別		貨品輸入規定
自由輸入貨品（免證）	委託查核輸入貨品	由海關查核符合輸入規定者，即准通關輸入。
	免查核輸入貨品	海關可逕准通關，自由輸入。

三、貨品輸入管理辦法

(一)簽證機構

為經濟部國際貿易局或其委託之單位（加工出口區管理處、科學園區管理局）申請簽發。

(二)有效期限

1. 輸入許可證有效期限為自簽證之日起六個月。
2. 輸入貨品應於輸入許可證有效期限屆滿前，自原起運口岸裝運，其裝運日期以提單所載日期為準；提單所載日期有疑問時，得由海關另行查證核定之。

(三)延期

輸入貨品不能於輸入許可證有效期限內自原起運口岸裝運者，申請人得於期限屆滿前一個月內申請延期，每次延期不得超過六個月，延期次數不得超過兩次。

(四)更改

1. 輸入許可證所載各項內容，申請人得於有效期限屆滿前，繕打輸入許可證更改申請書，連同原輸入許可證及有關證件申請更改。
2. 申請人名稱，除經國貿局核准變更登記者外，不得更改。

第二節　出口簽證

一、概論

(一)出口簽證乃指簽發輸出許可證（Export Permit, Export Licence，簡稱E/P或E/L）。

(二)免證出口乃指免除申請輸出許可證。

二、限制輸出貨品表

貨品出口管理——負面表列輸出規定一覽表

出口貨品類別		貨品輸出規定
限制輸出貨品 （簽證）	管制輸出貨品	須由國貿局辦理出口簽證，才可輸出。
	有條件准許輸出貨品	
自由輸出貨品 （免證）	委託查核輸出貨品	由海關查核符合輸出規定者，即准通關輸出。
	免查核輸出貨品	海關可逕准通關，自由輸出。

三、貨品輸出管理辦法

(一)有效期限

輸出許可證有效期限為自簽證之日起三十日。

(二)延期

輸出許可證不得申請延期。

(三)修改

1. 已報關未放行前或報關放行後須修改者，應檢附輸出許可證修改申請書向原簽證單位辦理。
2. 輸出許可證申請人名稱，不得修改。但經貿易局專案核准修改者，不在此限。

(四)註銷重簽

1. 未能於有效期間內出口者，應註銷重簽。
2. 未報關前發現錯誤者，應註銷重簽，不得申請修改。

第三節　大陸物品之輸入規定

一、「大陸物品輸入管理規定」

依中華民國輸出入貨品分類表內「輸入規定」之代號：

(一)MW0：為「大陸物品不准輸入項目」。

(二)MP1：為「大陸物品有條件准許輸入項目」。

(三)未列MW0及MP1：為「大陸物品准許輸入項目」。

二、「臺灣地區與大陸地區貿易許可辦法」

大陸物品之產地標示：

(一)僅可標示地理性產地標示，如China、中國製。

(二)不得標示中共當局之標示，如中華人民共和國、People's Republic of China、P.R.C.。

(三)不得標示有明顯對臺統戰標誌者或其他明顯矮化我方之文字或圖樣，如中國臺灣省、Taiwan Province。

第四節　戰略性高科技貨品相關規定

貿易法相關條文如下：

一、第13條

為確保國家安全，履行國際合作及協定，加強管理戰略性高科技貨品之輸出入及流向，以利引進高科技貨品之需要，其輸出入應符合下列規定：

(一)非經許可，不得輸出。

(二)經核發輸入證明文件者，非經許可，不得變更進口人或轉往第三國家、地區。

(三)應據實申報用途及最終使用人，非經許可，不得擅自變更輸往管制地區之特定戰略性高科技貨品，非經許可，不得經由我國通商口岸過境、轉口或進儲保稅倉庫、物流中心及自由貿易港區。

二、第27條

輸出入戰略性高科技貨品有下列情形之一者，處五年以下有期徒刑、拘役或科或併科新臺幣150萬元以下罰金：

(一)未經許可，輸往管制地區。

(二)經核發輸入證明文件後，未經許可，於輸入前轉往管制地區。

(三)輸入後，未經許可，擅自變更原申報用途或最終使用人，供作生產、發展核

子、生化、飛彈等軍事武器之用。

三、第27條之1

有前條第(一)項各款所定情形之一者，由經濟部國際貿易局停止其一個月以上一年以下輸出、輸入或輸出入貨品或撤銷其出進口廠商登記。

四、第27條之2

輸出入戰略性高科技貨品有下列情形之一者，經濟部國際貿易局得處新臺幣3萬元以上30萬元以下罰鍰、停止其一個月以上一年以下輸出、輸入或輸出入貨品或廢止其出進口廠商登記：

(一)未經許可，輸往管制地區以外地區。

(二)經核發輸入證明文件後，未經許可，變更進口人或轉往管制地區以外之第三國家、地區。

(三)輸入後，未經許可，擅自變更原申報用途或最終使用人，而非供作生產、發展核子、生化、飛彈等軍事武器之用。

違反第13條第(二)項規定之特定戰略性高科技貨品，主管機關得予以沒入。

第五節　商標出口監視系統

商標出口監視系統，係由經濟部國貿局與財政部關務署協調相關單位規劃籌建，主要目的在於供商標專用權人提供其商標圖樣、授權廠商名單、專用權期間等相關資料，經國際貿易局審核鍵入電腦資料庫後，傳輸至各關區供關員查核出口貨品標示之商標是否有侵害系統已登錄商標之虞，以防止不肖仿冒商標業者將仿冒貨品進出口之事宜。由商標專用權人或其代理人申請，並採自願性原則，由受益者付費。

檢　驗

第一節　進出口商品檢驗

一、檢驗標準

依適用層面區分爲國際標準、區域標準、國家標準、團體標準等層級。

(一)國際標準

國際性標準組織制定及採行，如國際標準組織之ISO 9000品質管理系統驗證及ISO 14000環境管理驗證。

(二)區域標準

區域性標準組織制定及採行，如歐洲標準委員會（CEN）等。

(三)國家標準

中央政府標準機構制定及採行，如中華民國國家標準（CNS）、日本工業規格協會（JIS）等。

(四)團體標準

各行業或專業團體制定及採行，例如美國材料試驗協會（ASTM）。

二、商品檢驗法重要條文

(一)商品檢驗法第2條

本法之主管機關爲經濟部。商品檢驗由經濟部設標準檢驗局辦理。

(二)商品檢驗法第5條

商品檢驗執行之方式，分爲逐批檢驗、監視查驗、驗證登錄及符合性聲明四種。

各種商品之檢驗方式，由標準檢驗局公告之。

(三)商品檢驗法第53條

主管機關依本法辦理商品檢驗、審查、評鑑、登記及核發證照，應收取檢驗費、審查費、評鑑費、登記費及證照費。前項檢驗費依費率計收者，其費率不得超過各該商品市價之千分之三。但未達最低費額者，仍依最低費額計收。

(四)商品檢驗規費收費辦法第11條

本法（商品檢驗法）第53條第2項所稱市價，依下列方式定之：

1. 輸出入之商品，由標準檢驗局參酌該商品之輸出或輸入申報價格，指定外匯銀行簽證出口之價格及市場躉售價格定之。
2. 國內產製商品由標準檢驗局參酌各種商品市場躉售價格擬定，報請主管機關核定後公告之。調整時亦同。

未依前項規定查定費額者，依下列基準查定費額：

1. 輸出商品為離岸價格（FOB）。
2. 輸入商品為起岸價格（CIF）或海關未稅價格。
3. 國內產製商品為廠場批售未稅價格。

三、裝貨前檢驗（Pre-Shipment Inspection，簡稱PSI）

進口國為查證進口產品之價格、內容或品質，而委託公證公司在出口國貨物裝運前，進行實地檢驗之方式。實務上，裝運前檢驗通常是開發中國家為維護其財政金融利益及彌補其行政基礎結構之不足，而委託公證公司在出口國對出口貨品進行品質、價格、數量、關稅分類及估價等檢查及檢驗作業之措施。另外，裝運前之查驗亦兼具其他之目的，如：防止高價低報、防止低價高報、防止進口產品之內容、品質或數量等與所申報者有所差異。

第二節　進出口商品公證

一、公證的意義

公證（Public Survey）乃指獨立的（Independent）第三者，在兩造之間對於某種標的所作公正的評驗與鑑定。

二、公證的種類

公證依其性質，可分為：

(一)海事公證（Marine Survey）
包括海事鑑定、船舶買賣及租賃情況鑑定。

(二)保險公證（Insurance Survey）
包括海損、火險、車禍等涉及保險賠償的鑑定、估價及責任調查。

(三)貨物公證（Cargo Survey）
凡涉及一般貨物品質、數量、包裝等的鑑定、檢驗者均是。

三、公證報告之效力

公證報告又稱獨立檢驗證明書（Independent Inspection Certificate），是由獨立公證人（Independent Surveyor）對產品經檢驗後，所出具的證明報告書，上面記載有貨物檢驗的結果。在法律上，公證報告只具有推定的效力，有移轉當事人的舉證責任之效果。若當事人約定以該裝船公證報告為最終確定，則除非證明有詐欺串通，否則不得推翻。

第三部分
報 關

第一節　海關主要業務範圍

一、稽徵關稅及代徵稅費

(一)徵收關稅
目前我國關務署僅對進口貨物課徵進口關稅。

(二)代徵稅費
目前我國關務署受託代徵之稅捐，有貨物稅、營業稅（目前稅率為5%）、推廣貿易服務費（進口完稅價格乘以0.04%；出口離岸價格乘以0.04%）、菸酒稅、菸品健康福利捐等。

二、查緝走私

海關負責國際機場及港口通商口岸（包括港區、錨地及鄰近水域）之緝私工作。所謂通商口岸，乃指經政府開放對外貿易，並設有海關之港口、機場或商埠。至於海上、河口、非通商口岸之查緝走私事項，則由行政院海岸巡防署負責，但所緝獲之私貨及案件則仍交由海關處理。

依海關緝私條例第9條：海關因緝私必要，得對於進出口貨物、通運貨物、轉運貨物、保稅貨物、郵包、行李、運輸工具、存放貨物之倉庫與場所及在場之關係人，實施檢查。

三、保稅退稅

政府為發展外銷事業，鼓勵加工外銷，促進就業，發展本國工業，指示海關辦理保稅業務（Bonding Operations）及外銷品沖退稅（Duty Drawback）。

(一)保稅

保稅是指運抵國境的進口、轉口，以及其他受海關監管的貨物，在通關放行前，暫免或延緩課徵關稅的制度。保稅貨物因未完成通關手續，故徵稅與否，須視該貨物決定進口或復出口而定，在未徵稅以前為海關監管、課稅之對象。

(二)外銷品沖退稅

外銷品沖退稅是指廠商進口原料經「加工」後，若符合外銷品沖退稅有關法令，即准予退還其所繳交進口原料稅捐。換言之，進口原料需加工後出口者，方可退稅；如未再加工出口，或直接售予保稅區，則不可退稅。加工原料應徵稅捐若屬繳現者，外銷後准予退現，稱之為「退稅」；如屬記帳者，外銷後准予沖銷，稱之為「沖稅」。

四、進出口貿易統計

海關之貿易統計，其計價基礎，出口以FOB為準，進口以CIF為準。世界各國之貿易統計，均以海關進出口貿易統計為代表。我國海關進出口貿易統計，編刊兩套資料，一為稅則分類統計，刊載於海關統計年刊上；另一為中華民國標準商品分類統計，分刊於統計年刊及統計月報上。

(一)進口貿易統計

外國貨物輸入國境時，依照海關規定辦理報驗、納稅及提貨等手續且經海關放行

後，即依國際慣例按起岸價格（CIF）計價列入統計。

(二)出口貿易統計

貨物輸出國境時，依照海關規定辦理報關裝船或裝機出口等手續並放行離港後，即按離岸價格（FOB）計價列入統計。

五、修建及維護助航設備

為確保我國海域船隻航行安全，海關於沿海或外島各險要地點，設立燈塔、燈杆、燈浮、無線電標示臺等各項助航設備，並派人日夜管理及維護。

六、代辦業務

海關接受其他機關委託代辦多項業務，除了代收稅費外，亦代為執行其他輸入或輸出管理規定，包括貨物檢驗合格證、檢疫證、貨物稅完（免）稅證等。

第二節　關稅的種類

一、依課徵對象分類

(一)進口稅（Import Duty）

外國貨物輸入本國時所課徵之關稅。

(二)出口稅（Export Duty）

本國貨物輸出外國時所課徵之關稅。

(三)過境稅或稱轉口稅（Transit Duty）

外國貨物自國外輸入，過境本國，再輸往第三國時所課徵之關稅。

依我國現行關稅法第2條規定：「本法所稱關稅，指對國外進口貨物所課徵之進口稅」，故目前我國所稱之關稅僅係指進口稅而言。我國係以出口為導向之國家，為鼓勵產品外銷，賺取外匯，並增加外銷廠商產品之競爭能力，對於出口貨物未予以課徵出口稅。對轉口貨物亦未課徵關稅，主要原因是要發展我國為轉運儲運中心，促進經濟及貿易之發展。而對於進口貨物課徵關稅，主要原因是保護國內產業及抑制進口，減少消費。

二、依課稅方法分類

(一)從價稅

進口貨物關稅之課徵，按其貨幣價值，課以一定比率的關稅。

(二)從量稅

進口貨物關稅之課徵，按其數量（或重量），每單位課徵一定金額的關稅。

(三)複合稅（Compound Duty）

在同一稅號內並列從價及從量單位完稅稅額，擇其稅額較高者為之。

三、依課徵目的分類

(一)財政關稅

課徵關稅純粹以財政收入為目的，故又稱租稅關稅。

(二)特別關稅

為達到特別目的而課徵之關稅。我國關稅法中所列之特別關稅包括：

1. 平衡稅

    依我國關稅法第67條規定，進口貨物在輸出或產製國家之製造、生產、銷售、運輸過程，直接或間接領受財務補助或其他形式之補貼，致損害中華民國產業者，除依海關進口稅則徵收關稅外，得另徵適當之平衡稅。

2. 反傾銷稅

    依我國關稅法第68條規定，進口貨物以低於同類貨物之正常價格輸入，致損害中華民國產業者，除依海關進口稅則徵收關稅外，得另徵適當之反傾銷稅。

3. 報復關稅

    依我國關稅法第70條規定，輸入國家對中華民國輸出之貨物或運輸工具所裝載之貨物，給予差別待遇，使中華民國貨物或運輸工具所裝載之貨物較其他國家在該國市場處於不利情況者，該國輸出之貨物或運輸工具所裝載之貨物，運入中華民國時，除依海關進口稅則徵收關稅外，財政部得決定另徵適當之報復關稅。

4. 緊急關稅

　　對特定物輸入之急劇增加，輸入國之產業受到重大損害之緊急情況下，輸入國政府迅速提高關稅稅率以資應付之關稅制度。依我國關稅法第72條規定，依貿易法採取進口救濟或依國際協定採取特別防衛措施者，得分別對特定進口貨物提高關稅、設定關稅配額或徵收額外關稅。

5. 關稅配額

　　係根據貨物之進口數量，課徵不同稅率之關稅，對某項特定貨物在輸入一定數量以內時，課以較低的稅率；超過該定額數量時，則課以較高的稅率。我國關稅法第5條規定，海關進口稅則得針對特定進口貨物，就不同數量訂定其應適用之關稅稅率，實施關稅配額。實施關稅配額之貨品，其數量及配額內稅率，依稅則各章之有關增註或第98章規定辦理；配額外稅率適用各該貨品所屬第1章至第97章稅則號別之稅率。

第三節　通關流程

一、貨物通關自動化

　　所謂「貨物通關自動化」（Cargo Clearance Automation），係指海關與所有「相關業者」及「相關單位」辦理貨物通關作業，利用「電腦連線」，以「電子資料相互傳輸」取代傳統「人工遞送文書」，及以「電腦自動處理」替代「人工作業」，俾加速貨物通關。依關稅法第10條第1項規定：「依本法應辦理之事項、應提出之報單及其他相關文件，採與海關電腦連線或電子資料傳輸方式辦理，並經海關電腦記錄有案者，視為已依本法規定辦理或提出。」

　　「電腦連線」係指與通關有關之機關、機構、業者或個人以電腦主機、個人電腦或端末機透過電信線路與通關網路或海關之電腦主機連線。

　　「通關網路」係指提供電腦連線或電子資料傳輸方式處理，以達到貨物通關自動化之目的，經依「通關網路經營許可及管理辦法」設立供營運之網路。目前我國有關貿網路（簡稱T/V）及汎宇電商（簡稱UEC）兩家通關網路服務公司。

　　進、出口貨物以自動化連線報關後，海關電腦專家系統按進出口廠商、貨物來源地、貨物性質及報關業等篩選條件，分別將報單核定為C1（免審免驗通關）、C2（文

件審核通關）及C3（貨物查驗通關）等三種通關方式。茲分別說明如下：

(一)C1通關方式（Channel 1）

免審免驗通關，即免審書面文件免驗貨物放行。

其報關有關文件應由報關人依關務法規規定之期限妥爲保管，海關於必要時得通知其補送相關資料或前往查核。經海關通知補送資料者，報關人應於接到通知後三日內補送。

(二)C2通關方式（Channel 2）

文件審核通關，即審核書面文件免驗貨物放行。

經核列爲按文件審核通關方式處理之貨物，海關應即透過電腦連線通知報關人，限在翌日辦公時間終了以前，補送書面報單及其他有關文件以供查核。

(三)C3通關方式（Channel 3）

貨物查驗通關，即查驗貨物及審核書面文件放行。

經核列爲按貨物查驗通關方式處理之貨物，海關應即透過電腦連線通知報關人，限在翌日辦公時間終了以前，補送書面報單及其他有關文件以供查驗貨物，並得通知貨棧業者配合查驗。

二、通關流程

(一)貨物通關基本步驟

進口貨物通關基本步驟：收單→分類估價→查驗→徵稅→放行。

出口貨物通關基本步驟：收單→分類估價→查驗→放行。

(二)通關流程

1. 收單

　報關人向海關遞送已填報之報單及其他報關文件之手續，稱爲「報關」。海關收受此報關文件，稱爲「收單」。收單人員應初步審核各項報關文件是否齊全，如有遺漏，應請報關人補全後方予收單。

　報關文件依關稅法第17條規定：「進口報關時，應填送貨物進口報單，並檢附發票、裝箱單及其他進口必須具備之有關文件。出口報關時，應填送貨物出口報單，並檢附裝貨單或託運單、裝箱單及依規定必須繳驗之輸出許可證

及其他有關文件。」

2. 分類估價

進口貨物須經稅則分類及估價程序，以核定其應歸屬之稅則號別及稅率，並核估其完稅價格，憑以核計應行課徵之稅捐金額。兩種進口分類估價方式如下所述：

(1)先放後核

凡非屬先核後放估價方式辦理之貨物，進口地海關於完成審核作業後，一律依關稅法第18條按納稅義務人申報之稅則號別完稅價格先行徵稅驗放，事後再加審查。

(2)先核後放

進口貨物於放行前，先由進口地海關以傳真機傳送有關文件，向關務署驗估處查詢，俟接該處通知後再予處理。

3. 查驗

海關就報單所申報事項與運輸工具進口時所遞呈之艙單及實到貨物查驗、相互核對，並就稅則分類具核估價格所需事項填列。

4. 徵稅與放行

(1)先稅後放

每批進口貨物依規定繳交關稅，所以海關需要收到繳納的關稅後，才會同意該批進口貨物放行。

(2)先放後稅

納稅義務人依規定應繳之關稅及保證金，經海關核准提供擔保，替代現金、保證金之繳納先行驗放。

第四節　報關、繳稅期限與罰則

一、報關期限與滯報費

(一)預行報關

1. 海運進口貨物
   承運貨物之船公司或其代理行須於有關船舶抵埠前五日內,向海關遞送預報進口艙單。

2. 海運出口貨物
   如報關單齊備,貨物輸出人得於承裝貨物之船舶向海關掛號後,於船舶結關日前,向海關預行報關。

(二)報關期限

1. 進口貨物之申報
   自裝載貨物之運輸工具進口日之翌日起十五日內。

2. 出口貨物之申報
   自裝載貨物之運輸工具結關或開駛前之規定期限內。

(三)逾期報關

1. 進口貨物自報關期限屆滿之翌日起,按日加徵滯報費新臺幣200元,最多徵滿20日。

2. 進口貨物自裝載貨物之運輸工具進口日之翌日起三十五日（15+20）內不報關者,由海關將其貨物變賣,所得價款,扣除應納關稅及必要費用外,如有餘款,由海關暫代保管;納稅義務人得於五年內申請發還,逾期繳歸國庫。

二、繳稅期限與滯納金

繳稅期限為自稅款繳納證送達或傳輸該訊息之翌日起十四日內繳納。逾期繳納則:

(一)徵收滯納金

　　1. 關稅自繳稅期限屆滿之翌日起，照欠繳稅額按日加徵萬分之五的滯納金。

　　2. 貨物稅、營業稅、健康福利捐及菸酒稅按應繳稅額每逾2日加徵1%，最高加徵至三十日即加徵至15%為止，逾三十日者改徵利息。

(二)滯納金徵滿三十日仍不繳稅者

　　1. 海關變賣貨物。

　　2. 保管價款餘款五年。

　　3. 五年內納稅義務人得申請發還。

三、行政救濟

　　納稅義務人如不服海關對其進口貨物核定之稅則號別、完稅價格或應補繳稅款或特別關稅者，得於收到稅款繳納證之翌日起三十日內，依規定格式，以書面向海關申請複查。

四、稅款之優待

　　依「廣告品及貨樣進口通關辦法」第3條規定：廣告品及貨樣合於下列情形之一者，免徵進口關稅：

　　1. 無商業價值者。

　　2. 前款以外之廣告品及貨樣，其完稅價格在新臺幣12,000元以下者。

第五節　進出口報單主要欄位填報注意事項

一、離岸價格

　　出口報單應依輸出許可證或發票上所載之離岸價格（即FOB 金額）填入。如為CFR金額，應減去運費後填入。如為 CIF 金額，則應減去保險費及運費後填入。申報「禮物、贈品、樣品、掉換、賠償、廣告品等」時，即使發票載明「NCV」，亦應申報其實際價格，不得申報「NCV」（No Commercial Value）、「FOC」（Free of Charge）或「0」。

二、外幣匯率

依關務署驗估處「每旬」所公佈之「每旬報關適用外幣匯率表」為準。其中出口報單採所列之「買入匯率」，進口報單則採所列之「賣出匯率」。

三、商標

出口報單上「貨物本身」或其「內外包裝」或「容器」標示有商標者，應逐項填報實際之商標，並儘量以實際商標縮小影印黏貼，再加蓋騎縫章。如有貿易局核准商標登錄文號，亦應報明；如未標示商標，則應填報「NO BRAND」或「NIL」。

四、推廣貿易服務費

海、空運出口者，以全份報單「實際離岸價格總金額」乘以0.04%之得數填報；海、空運進口者，則以全份報單「各項完稅價格加總」乘以0.04%之得數填報（核計至元為止，元以下不計；未逾新臺幣100元者免收）。

第六節　進口原產地認定標準與簽審代碼

一、進口貨物原產地認定標準

(一)第5條規定

非適用海關進口稅則第二欄稅率之進口貨物以下列國家或地區為其原產地：

1. 進行完全生產貨物之國家或地區。
2. 貨物之加工、製造或原材料涉及兩個或兩個以上國家或地區者，以使該項貨物產生最終實質轉型之國家或地區。

(二)第7條規定

實質轉型，指下列情形：

1. 原材料經加工或製造後所產生之貨物與原材料歸屬之海關進口稅則前六位碼號列相異者。
2. 貨物之加工或製造雖未造成前款稅則號列改變，但已完成重要製程或附加價值率超過35%以上者。

前項第2款附加價值率之計算公式如下：

貨物出口價格（F.O.B.）－直、間接進口原料及零件價格（C.I.F.）／貨物出口價格（F.O.B.）＝附加價值率

(三)第8條規定

自低度開發國家進口之貨物，符合下列規定者，認定為該等國家之原產貨物：

1. 自該國完全生產之貨物。

2. 貨物之生產涉及二個或二個以上國家者，其附加價值率不低於50%者。

二、審簽代碼

輸入貨品其屬應施檢驗或檢疫之品目，主要參照下列簽審規定代號：

輸入規定代號	中文說明
（空白）	准許（免除簽發許可證）。
111	管制輸入。
121	由貿易局簽發輸入許可證。
B01	進口時，應依行政院農業委員會動植物防疫檢疫局編訂之「應施檢疫動植物品目表」及有關檢疫規定辦理。
C01	經濟部標準檢驗局公告應施進口檢驗商品。
C02	本項下部分商品屬於經濟部標準檢驗局公告應施進口檢驗商品。
F01	輸入商品應依照行政院衛生署發佈「輸入食品查驗辦法」規定，向經濟部標準檢驗局申請辦理輸入查驗。
F02	本項下商品如屬食品，應依照行政院衛生署發佈「輸入食品查驗辦法」規定，向經濟部標準檢驗局申請辦理輸入查驗。
MP1	(一)大陸物品有條件准許輸入，應符合「大陸物品有條件准許輸入項目、輸入管理法規彙總表」之規定。(二)「大陸物品有條件准許輸入項目、輸入管理法規彙總表」內列有特別規定「MXX」代號者，應向國際貿易局辦理輸入許可證；未列有特別規定「MXX」代號者，依一般簽證規定辦理。
MW0	大陸物品不准輸入。

第七節　其他措施

一、「貨品暫准通關證」（A.T.A. Carnet System）制度

貨物暫准通關證（簡稱為通關證）係A.T.A. Carnet之譯名。A.T.A.係法文Admission Temporaire及英文Temporary Admission之縮寫。納稅義務人得以通關證替代進口或出口報單辦理貨物通關，該貨物於通關證有效期限內原貨復運出口或復運進口者，免徵關稅。逾期未復運出口者，其應納稅款由該證載明之保證機構代為繳納；逾期復運進口者，依法課徵關稅。目前我國適用A.T.A.暫准通關證的貨品包括：

(一)專業器材、設備，例如醫護人員、攝影記者、表演團體等的專業器材、舞臺設備等。

(二)供展覽會、國際商展、會議或類似活動陳列或使用的貨品，例如文藝活動之展示品、展覽會場的布置用品、會議的視聽設備等。

(三)為招攬交易而供展示或示範的商業樣品。

二、貨櫃安全計畫

貨櫃安全計畫「CSI」（Container Security Initiative），係美國九一一事件後為防止恐怖份子利用海運貨櫃載運具有強大殺傷力之核生化武器進入美國，製造恐怖事件，爰決定與主要貿易夥伴國合作，推動反恐邊境措施之一。其基本構想係針對輸往美國之貨櫃，先於輸出港加強安全檢查，將高風險性的貨櫃阻絕於美國境外，而與各國海關簽定之合作計畫，對輸往美國之貨櫃，於出口港先作安全查驗。海運運輸業者於裝船前24小時，將艙單以自動化艙單系統（AMS）傳輸至美國海關，由其自動化篩選系統依危險高低予以評分，再由海關鎖定應查驗貨櫃。

三、自由貿易港區

(一)自由貿易港區
五大自由貿易港區：高雄港、臺中港、臺北港、基隆港及桃園國際機場。

(二)自由貿易港區之特色
依「自由貿易港區設置管理條例」相關規定：
1. 自由港區事業自國外運入自由港區內供營運之貨物，免徵課徵進口相關稅費。

自由港區事業之貨物輸往課稅區時，應依進口貨物或相關規定，課徵相關稅費。

2. 自由貿易港區貨品可進行重整、加工、製造，可以從事零組件之組裝等較深層次加工，將可充分發揮我國在高附加價值產品製造方面的優勢。自由港區事業之貨物輸往課稅區時，免徵稅費。

3. 國際金融業務分行得辦理自由港區事業之外幣信用狀、通知、押匯、進出口託收、外幣匯兌及外匯交易業務，但以各該交易未涉及境內之金融或經貿交易，且未涉及新臺幣者為限。

四、貿易便捷化

(一)可簡化及調和國際貿易程序，利用電子方式達到無紙化貿易，大幅縮短貿易流程。

(二)可掌握國際物流優勢，降低貨品流通成本，提高產品之全球競爭力。

(三)1999年起開始實施貨品電子簽證，近來並加強推動電子原產地證明計畫。

(四)配合APEC 2005年達成「貿易無紙化」之目標，而積極推動貿易便捷化計畫，其範圍包括簽審、檢驗、產證及通關等文件與流程的簡化。

重點練習

(　) 1. 進口貨物，未依關稅法規定期限內報關者，逾期海關按日加徵下列何種費用？ (1)滯納費 (2)加值金 (3)滯報費 (4)特別服務費。

(　) 2. 下列何者非目前我國出口貨物通關手續中之必要流程？ (1)驗貨 (2)放行 (3)收單 (4)繳納關稅。

(　) 3. 按進口貨物之數量、重量、容積或長度等為課稅核計標準，每一單位課徵一定金額之課徵方式，稱為 (1)從量徵稅 (2)從價徵稅 (3)複合徵稅 (4)從價或從量兩者中從高徵稅。

(　) 4. 依關稅法規定，進口貨物應於運輸工具進口日之翌日起，幾天內向海關申報進口？ (1)10天 (2)15天 (3)20天 (4)30天。

(　) 5. 下列何者不是通關用計量標準單位代碼？ (1)BOX (2)CTN (3)CBM (4)PKG。

(　) 6. 輸出入貨品規定之簽審代號，MW0 代表何意義？ (1)大陸物品不准輸入 (2)管制輸出入 (3)大陸物品有條件准許輸出入 (4)由貿易局發輸出入許可證。

(　) 7. 出口貨物通關方式中，屬於文件審核（俗稱應審免驗）者係 (1)C1 (2)C2 (3)C3 (4)C4。

(　) 8. 完稅價格係指 (1)完稅後之價格 (2)作為課徵關稅之價格 (3)薦售價格 (4)免稅價格。

(　) 9. 我國課徵進口關稅之完稅價格，原則上以下列何者為準？ (1)起岸價格 (2)國內售價 (3)離岸價格 (4)完稅價格表。

(　) 10. 貨物通關自動化與下列哪一單位無關？ (1)國際貿易局 (2)銀行保險業 (3)入出境管理局 (4)科學園區管理局。

(　) 11. 離岸價格即一般貿易價格條件所稱之 (1)FOB (2)CFR (3)CIF (4)DDP。

(　) 12. 中華民國輸出入貨品分類號別（C.C.C. Code）前八位碼是 (1)稅則號別

(2)統計號別　(3)檢查號列　(4)貿易號別。

(　) 13. 下列何者並非各國在商品標準分類上共同採用調和制度的優點？　(1)便於貿易談判　(2)降低關稅　(3)利於直接比較分析　(4)減少轉換的時間及費用。

(　) 14. 進口大陸貓熊之檢疫機構係　(1)標準檢驗局　(2)農委會動植物防疫檢疫局　(3)關稅局　(4)國際貿易局。

(　) 15. 進口貨物應繳稅捐，應自稅款繳納證送達之翌日起幾日內繳納？　(1)7天　(2)14天　(3)21天　(4)28天。

(　) 16. 進口貨物之營業稅由哪一單位代徵？　(1)關稅局　(2)國稅局　(3)經濟部　(4)代收銀行。

(　) 17. 進口商應憑下列哪一項單據，辦理進口報關提貨手續？　(1)提單　(2)大副收據　(3)裝貨單　(4)提貨單。

(　) 18. 下列哪一項單證非進口報關所應具備之文件？　(1)裝箱單　(2)進口報單　(3)提貨單　(4)裝貨單。

(　) 19. 下列哪一項非關稅局之業務？　(1)徵稅　(2)緝私　(3)檢疫　(4)貿易統計。

(　) 20. 貨物進口自運輸工具進口日之翌日起算幾天內未報關將被變賣？　(1)15天　(2)30天　(3)35天　(4)60天。

(　) 21. 有關我國推廣貿易服務費之敘述，下列何者正確？　(1)只針對進口貨物徵收　(2)進口貨物按其FOB價值課徵一定之費率　(3)進口貨物按其CIF價值課徵一定之費率　(4)出口貨物按其CIF價值課徵一定之費率。

(　) 22. 進口貨物由海關課徵或代徵之稅捐項目不包括下列哪一項？　(1)關稅　(2)營業稅　(3)商港服務費　(4)推廣貿易服務費。

(　) 23. 目前有關「商港服務費」之收取，下列何者正確？　(1)對空運也要收取商港服務費　(2)只對進口貨物收取，但不對出口貨物收取　(3)從「價」收取　(4)從「量」收取。

(　) 24. 下列何者通常不是報關行的業務？　(1)代辦退稅的申請　(2)代理貨物海空

運之安排　(3)安排進出口貨物之公證檢驗　(4)貨物成本估算。

( )25. 中華民國海關進出口稅則係參考下列哪一項編纂？　(1)ＨＳ
(2)INCOTERMS　(3)SWIFT　(4)ICC。

( )26. 為加速進口通關，得按納稅義務人申報之完稅價格及稅則號別，先行徵稅
驗放後再估價核稅，此進口核價方式稱為　(1)先放後核　(2)先核後放
(3)即核即放　(4)先放後稅。

( )27. 關稅局對於依法提供足額擔保之進口廠商，先行驗放通關後再由進口廠商
於規定期間內繳納進口關稅，此進口核價方式稱為　(1)先放後核　(2)先核
後放　(3)即核即放　(4)先放後稅。

( )28. 下列何者非屬保稅區域？　(1)保稅倉庫　(2)加工出口區　(3)科學園區
(4)自家工廠倉庫。

( )29. 貨物進口至保稅區，下列敘述何者錯誤？　(1)進口原料至保稅區時需登記
數量，不必繳稅　(2)加工為成品外銷出口時，按實際出口數量予以銷帳
(3)可減輕生產成本，提升外銷競爭力　(4)不須辦理通關作業。

( )30. 原物料進口至加工出口區，在何時會課徵關稅？　(1)進口至加工出口區時
(2)加工為成品外銷出口時　(3)加工後出售於課稅區廠商時　(4)運至國際物
流中心準備出口時。

( )31. 目前進口貨物由海關代徵之營業稅稅率為　(1)百分之五　(2)千分之一
(3)千分之五　(4)萬分之五。

( )32. 不依關稅法規定期限報關者，應自報關期限屆滿之翌日起，按日加徵滯報
費新臺幣　(1)50元　(2)100元　(3)200元　(4)500元。

( )33. 下列何者不屬於特別關稅？　(1)反傾銷稅　(2)報復關稅　(3)平衡稅
(4)菸酒稅。

( )34. 進口貨物以低於同類貨物之正常價格輸入，致損害中華民國產業者，除依
海關進口稅則徵收關稅外，得另徵適當　(1)平衡稅　(2)反傾銷稅　(3)報復
關稅　(4)機動關稅。

( )35. 輸入國家對中華民國輸出之貨物或運輸工具所裝載之貨物，給予差別待
遇，使中華民國貨物或運輸工具所裝載之貨物較其他國家在該國市場處

於不利情況者，該國輸出之貨物或運輸工具所裝載之貨物，運入中華民國時，除依海關進口稅則徵收關稅外，財政部得決定另徵適當　(1)平衡稅　(2)反傾銷稅　(3)報復關稅　(4)機動關稅。

( ) 36. 進口貨物在輸出或產製國家之製造、生產、銷售、運輸過程，直接或間接領受補貼，致損害中華民國產業者，除依海關進口稅則徵收關稅外，得另徵適當　(1)平衡稅　(2)反傾銷稅　(3)報復關稅　(4)機動關稅。

( ) 37. 海關變賣逾期不報關貨物，其所得價款，扣除應納關稅及必要之費用外，如有餘款，由海關暫代保管，納稅義務人得於幾年內申請發還，逾期繳歸國庫？　(1)1年　(2)2年　(3)3年　(4)5年。

( ) 38. 進口貨物應納稅捐之繳稅方式，下列何者錯誤？　(1)記帳　(2)現金繳納　(3)線上扣繳　(4)劃撥。

( ) 39. 進口貨物通關程序一般分為五大步驟：a.收單；b.查驗；c.徵稅；d.分類估價；e.放行，其順序下列何者正確？　(1)abcde　(2)abdce　(3)acdbe　(4)adcbe。

( ) 40. 進口貨物完稅價格之核估，其外匯價格之匯率係以下列何者換算？　(1)報關前一日　(2)報關當日　(3)報關前一旬中間日　(4)報關前一個月中間日。

( ) 41. 海關進口稅則之稅率分為三欄，適用第二欄稅率之國家或地區，下列敘述何者錯誤？　(1)世界貿易組織會員　(2)特定低度開發國家或地區　(3)與我簽署自由貿易協定之國家或地區特定進口貨物　(4)特定開發中國家或地區。

( ) 42. 倘出口貨物於產品上未標示商標者，則出口報單上應註明下列何者？　(1)NO BRAND　(2)NO MARK　(3)NIL　(4)BLANK。

( ) 43. 依進出口貨物預行報關處理準則之規定，進口商得於載運船舶抵埠前幾日內持有關文件向海關預行報關？　(1)3日　(2)5日　(3)10日　(4)15日。

( ) 44. 進口廣告品及貨樣，其完稅價格在新臺幣多少元以下者，免徵進口關稅？　(1)6,000元　(2)10,000元　(3)12,000元　(4)15,000元。

( ) 45. 非以輸出為常業之個人（指未向貿易局辦理登記者），輸出貨品之離岸價格（FOB）超過美金2萬元者，應向下列何處申請簽證？　(1)國際貿易局

(2)外匯指定銀行　(3)海關　(4)經濟部商業司。

(　) 46. 海運出口貨物船公司通常會告知「預計到港時間」，下列何者為其正確簡稱？　(1)ETA　(2)ETD　(3)EDI　(4)DPV。

(　) 47. 辦理進口貨品報關時，下列做法何者正確？　(1)故意將高關稅率之貨品以低稅率貨品號列報關進口　(2)將簽審代號「MW0」之貨品改申報其他准許自大陸進口貨品號列報關進口　(3)對高關稅率之貨品申報較低交易價格，以降低關稅成本　(4)依據貨品應歸屬之正確號列報關進口。

(　) 48. 依我國訂定「貨物暫准通關辦法」，下列貨物何者不適用暫准通關證？　(1)專業器材、設備　(2)易腐壞品　(3)供國際商展、會議之活動陳列或使用之貨物　(4)招攬交易而供展示或示範之進口商業樣品。

(　) 49. 我國暫准通關證之簽證及保證機構為　(1)國貿局　(2)進出口商業公會　(3)中華民國對外貿易發展協會　(4)海關。

(　) 50. 下列何者為出口報關文件？　(1)S/O　(2)M/R　(3)B/L　(4)D/O。

(　) 51. 美國發生九一一恐怖攻擊事件後，規定所有直接運抵美國各港口之貨物運送者，必須在外國港裝載前幾小時出具確實載貨清單傳送至美國海關？　(1)12小時　(2)24小時　(3)36小時　(4)48小時。

(　) 52. 商品檢驗費，一般商品其費率不得超過商品市價　(1)千分之一　(2)千分之二　(3)千分之三　(4)千分之四。

(　) 53. ISO 9000係何種認證標準？　(1)品質保證　(2)數量保證　(3)環保管理　(4)勞工安全標誌。

(　) 54. 下列哪一機構可應貿易廠商之請求簽發原產地證明書？　(1)臺北關稅局　(2)標準檢驗局　(3)智慧財產局　(4)公平交易委員會。

(　) 55. 我國貨物進口的法定檢驗，係依下列何者標準執行檢驗？　(1)JIS　(2)CNS　(3)BS　(4)ISO。

(　) 56. 貨物出口檢驗之費用，係依下列哪一項貿易條件作為計算基礎？　(1)EXW　(2)FOB　(3)CFR　(4)CIF。

(　) 57. 貨物公證報告之效力，在貿易過程中具有　(1)推定效力　(2)全部效力

(3)部分效力　(4)無效力。

(　) 58. 進口危險物品之提貨應辦理　(1)正常提貨　(2)船邊提貨　(3)貨櫃提貨　(4)共同海損提貨。

(　) 59. 下列何者非商品檢驗執行的方式？　(1)符合性聲明　(2)監視查驗　(3)港口驗對　(4)逐批檢驗。

(　) 60. 出口商於貨物裝運前辦理出口公證檢驗手續之目的，下列敘述何者錯誤？　(1)進口國政府之規定　(2)信用狀之規定　(3)買方之要求　(4)運送人之要求。

(　) 61. 下列何者不是辦理進口簽證之機關？　(1)國際貿易局　(2)標準檢驗局　(3)加工出口區管理處　(4)科學園區管理局。

(　) 62. 一般進出口貨品申請之「I/P」有效期限為自簽證之日起　(1)30 天　(2)3個月　(3)6個月　(4)1 年。

(　) 63. 中華民國輸出入貨品分類號列（C.C.C. Code）及檢查碼共計有　(1)8碼　(2)9碼　(3)10 碼　(4)11 碼。

(　) 64. 進口大陸物品時，下列何者正確？　(1)應先查詢該項產品是否為准許進口項目再行辦理進口　(2)以走後門方式以求順利將禁止自大陸進口貨品進口　(3)設法取得東南亞國家之產地證明書後進口　(4)以走私方式進口禁止自大陸進口貨品。

(　) 65. 依臺灣地區與大陸地區貿易許可辦法規定，大陸物品有條件准許輸入，在中華民國輸出入貨品分類表（C.C.C. Code）內「輸入規定」欄列之代號係　(1)MP0　(2)MP1　(3)MP2　(4)MP3。

(　) 66. 依臺灣地區與大陸地區貿易許可辦法規定，准許輸入之大陸貨品在產品包裝及產地標示，註明下列哪一項則准予輸入？　(1)People's Republic of China　(2)China, Taiwan　(3)Taiwan Province　(4)China。

(　) 67. 進口貨品與輸入許可證內容不符時應如何處理？　(1)重新申請簽證　(2)申請註銷　(3)申請修改　(4)請海關放行。

(　) 68. 進口「限制輸入貨品表」內之貨品時，須向下列何者申辦簽證？　(1)國際貿易局　(2)標準檢驗局　(3)簽證銀行　(4)關稅局。

(　) 69. 目前我國商標出口監視系統之特色為　(1)免付費服務　(2)使用者付費　(3)強制性參加　(4)貿易推廣基金支付。

(　) 70. 出口簽證，乃指申請簽發　(1)產地證明書　(2)輸出許可證　(3)輸出檢驗合格證　(4)出口報單。

(　) 71. 有關輸出許可證之內容，下列哪一項除專案核准外，不得修改？　(1)貨品名稱　(2)收貨人　(3)申請人　(4)貿易條件。

(　) 72. 輸出許可證未能於有效期限內出口者，須申請　(1)重簽　(2)修改　(3)補發　(4)延期。

(　) 73. 輸出許可證的英文名稱，下列哪一項錯誤？　(1)Export Permit　(2)Export License　(3)E/P　(4)Export Allowance。

(　) 74. 輸入許可證之有效期限為6個月，該6個月之截止日係指　(1)起運口岸之發票所載之日期　(2)起運口岸之提單所載之日期　(3)進口日期　(4)報關日期。

(　) 75. 「輸入許可證」之敘述何者錯誤？　(1)一般輸入許可證有效期限為6個月　(2)貨品需在輸入許可證有效期內進口至本國境內　(3)在「限制輸入貨品表」外貨物通常不需簽證　(4)於進口時，由海關代為查核。

(　) 76. 輸入許可證的延期每次不得超過　(1)1個月　(2)3個月　(3)6個月　(4)1年。

(　) 77. 對戰略性高科技貨品之輸出入規定，下列何者不正確？　(1)非經許可不得輸出　(2)經核發輸入證明文件後，未經許可不得變更進口人或轉往第三國家、地區　(3)應據實填報用途，非經核准不得擅自變更　(4)違規輸出入戰略性高科技產品者，處以新臺幣10萬元以下之罰鍰。

(　) 78. 出口商若於貨物報關出口前不慎遺失輸出許可證，應如何處理？　(1)申請補發　(2)申請註銷重簽　(3)申請延期　(4)申請修改。

(　) 79. 我國對進出口貨品原產地之認定基準，係以原材料經加工或製造後所產生之貨品，其商品標準分類前六碼是否改變，或經過加工已完成重要製程或附加價值超過　(1)25%　(2)35%　(3)40%　(4)50%。

（　）80. 納稅義務人如不服海關對其進口貨物核定之稅則號別、完稅價格或應補繳稅款或特別關稅者，得於收到稅款繳納證之次日起多少日內，依規定格式，以書面向海關申請復查？　(1)10日　(2)20日　(3)30日　(4)40日。

（　）81. 我國掌理海關業務的中央機構為　(1)經濟部　(2)財政部　(3)交通部　(4)內政部。

（　）82. 我國進口稅則稅率分三欄位，請問WTO會員國及與我國有互惠待遇之國家適用第幾欄稅率？　(1)第1欄　(2)第2欄　(3)第3欄　(4)第1、3欄。

（　）83. 有關貿易便捷化之說明，下列何者錯誤？　(1)可簡化及調和國際貿易程序，利用電子方式達到無紙化貿易，大幅縮短貿易流程　(2)可掌握國際物流優勢，降低貨品流通成本，提高產品之全球競爭力　(3)1999年起開始實施貨品電子簽證，近來並加強推動電子原產地證明計畫　(4)配合GATT 2005年起之貿易無紙化之目標而積極推動貿易便捷化計畫，其範圍包括進出口程序、運輸形式、付款、保險及其他相關金融付款機制等。

（　）84. 下列有關對大陸物品進口管理之相關規定，何者錯誤？　(1)自87年4月1日起，我國對大陸農、工產品之進口，由正、負面兩表並列方式，改依「中華民國輸出入貨品分類表」辦理　(2)國貿局每兩個月召開「開放大陸物品輸入審查會」，以檢討開放大陸物品進口項目　(3)依據現行「臺灣地區與大陸地區貿易許可辦法」第5條規定，兩岸貿易須以間接方式為之　(4)依據「臺灣地區與大陸地區貿易許可辦法」第11條規定，准許輸入之大陸地區物品，其進口文件上應列明「中國大陸（Chinese Mainland）產製」字樣。

（　）85. 依自由貿易港區設置管理條例，有關自由貿易港區之說明，下列何者正確？　(1)自由港區事業自國外運入自由港區內供營運之貨物，需課徵進口相關稅費　(2)自由港區只能從事貨物之存儲，而不可進行重整、加工、製造　(3)自由港區事業之貨物輸往課稅區時，免徵稅費　(4)國際金融業務分行得辦理自由貿易港區事業之外幣信用狀押匯、進出口託收及外匯交易業務，但以各該交易未涉及境內之金融或經貿交易，且未涉及新臺幣者為限。

（　）86. 依據「貿易法」規定，主管機關得就出進口人輸出入之貨品，由海關統一

收取推廣貿易服務費，最高不超過輸出入貨品價格之　(1)萬分之三　(2)萬分之四‧二五　(3)萬分之五　(4)萬分之五‧二五。

(　) 87. 公證公司除提供客戶的檢驗服務外，同時也因應一些開發中國家要求，為防止走私及逃稅等，在出口國執行　(1)PSI檢驗　(2)PDA檢驗　(3)CNS檢驗 (4)DNA檢驗。

(　) 88. 現行我國貿易管理制度採　(1)負面表列　(2)正面表列　(3)完全自由　(4)嚴格管制。

(　) 89. 我國加入WTO後實施關稅配額制度，相關配額之貨品及稅率係增訂在稅則第幾章內？　(1)第二十一章　(2)第七十七章　(3)第九十八章　(4)第九十九章。

(　) 90. 為便於查閱，國貿局將大部分之輸入規定以三位數之代號標示於各分類號列之輸入規定欄。貨品須國貿局核發輸入許可證者，其代號為何？ (1)111　(2)112　(3)121　(4)122。

第三章

解答：

1.	2.	3.	4.	5.	6.	7.	8.	9.	10.
(3)	(4)	(1)	(2)	(3)	(1)	(2)	(2)	(1)	(3)
11.	12.	13.	14.	15.	16.	17.	18.	19.	20.
(1)	(1)	(2)	(2)	(2)	(1)	(4)	(4)	(3)	(3)
21.	22.	23.	24.	25.	26.	27.	28.	29.	30.
(3)	(3)	(4)	(4)	(1)	(1)	(4)	(4)	(4)	(3)
31.	32.	33.	34.	35.	36.	37.	38.	39.	40.
(1)	(3)	(4)	(2)	(3)	(1)	(4)	(4)	(2)	(3)
41.	42.	43.	44.	45.	46.	47.	48.	49.	50.
(1)	(1)	(2)	(3)	(1)	(1)	(4)	(2)	(3)	(1)
51.	52.	53.	54.	55.	56.	57.	58.	59.	60.
(2)	(3)	(1)	(2)	(2)	(2)	(1)	(2)	(3)	(4)
61.	62.	63.	64.	65.	66.	67.	68.	69.	70.
(2)	(3)	(4)	(1)	(2)	(4)	(3)	(1)	(2)	(2)
71.	72.	73.	74.	75.	76.	77.	78.	79.	80.
(3)	(1)	(4)	(2)	(2)	(3)	(4)	(2)	(2)	(3)
81.	82.	83.	84.	85.	86.	87.	88.	89.	90.
(2)	(1)	(4)	(3)	(4)	(2)	(1)	(1)	(3)	(3)

4
基本交易條件

第一節　品質條件

一、約定品質的方法

(一)樣品（Sample）

1. 以實際的貨物來約定品質，通常適用於體積小、結構簡單、價值低廉的商品。

2. 依我國民法第388條規定：「按貨樣約定買賣者，視爲出賣人擔保其交付之標的物與貨樣有同一之品質。」故賣方宜選用中等平均品質之樣品，以避免日後所交貨物之品質無法與樣品一致。

3. 樣品以提供者區分爲：賣方樣品（Seller's Sample）、買方樣品（Buyer's Sample）及相對樣品（Counter Sample）。其中相對樣品乃指賣方按買方樣品，仿造或精選相近之樣品送交買方確認。

(二)說明書、型錄（Specification / Catalog）

1. 以文字、圖形說明貨物品質的標準，通常適用於體積大、結構複雜、價值高的商品。

2. 憑說明書交易，賣方日後所交貨物品質，必須與說明書完全相符。

(三)品牌／商標（Brand／Mark）

以某一特定品牌或商標為品質的標準，適用於知名廠商或品牌。

(四)規格（Type）

1. 以國家或產業團體制定之規格為品質的標準。

2. 產業團體標準，如UL美國電器產品安全標誌、JIS日本工業標準。

國家標準，如CNS中華民國國家標準、BS英國國家標準。

區域標準，如CE歐盟產品基本安全標誌。

國際標準，如ISO國際標準組織。

(五)標準物（Standard）

1. FAQ平均中等品質

貨物品質係以裝船地區同季之平均中等品質，適用農產品的期貨買賣。

2. GMQ適銷品質

賣方保證所交貨物之品質優良且適用於市場銷售，一般只適用於木材、冷凍魚蝦的交易。

二、品質決定之時間與地點

(一)出廠品質

1. 適用之貿易條件為：EXW。

2. 適用之貨物：運輸過程中不易變化品質之貨物。

(二)裝運品質（Shipped Quality Terms）

1. 適用之貿易條件為：FAS、FOB、CFR、CIF、FCA、CPT、CIP。

2. 適用之貨物：大宗物資之貿易。

(三)卸貨品質（Landed Quality Terms）

1. 適用之貿易條件為：DAT。

2. 適用之貨物：進口國政府規定必須符合某項標準之貨物。

(四)買方倉庫品質

1. 適用之貿易條件為：DAP、DDP。

2. 適用之貨物：大型機器設備，因須待其安裝並試車後能正常運轉才行。

第二節　數量條件

一、常見數量之單位

(一)重量（Weight）

1. 適用的貨物
重量貨。

2. 常用的單位
(1)長噸（L/T）= 2,240LBS = 1,016公斤
(2)短噸（S/T）= 2,000 LBS = 907公斤
(3)公噸（M/T）= 2,204 LBS = 1,000公斤

3. 計算方式
(1)毛重（Gross Weight，簡稱GW）：貨物的重量加上包裝的重量。
(2)皮重（Tare）：包裝的重量。
(3)淨重（Net Weight，簡稱NW）：毛重減去外包裝的重量，國際貿易交付數量多以此為準。
(4)純淨重（Net Net Weight，簡稱NNW）：淨重減去內包裝的重量。
(5)公量（Conditioned Weight）：以科學方法抽去貨物中之水分再加上標準含水量，通常用於吸濕性強之貨物，如生絲、羊毛。

(二)體積（Volume）

1. 適用的貨物
化學氣體、木材。

2. 常用的單位
(1)公制：立方公尺（Cubic Meter，簡稱CBM、MTQ）。
(2)英制：立方呎（Cubic Foot，簡稱FTQ、CFT）、立方碼（Cubic Yard）。
(3)公制、英制體積單位換算：

1立方呎 = 1,728立方吋

1立方公尺（CBM）= 35.315立方呎（CFT，國貿實務稱為「材」）

3. 面積（Area）

(1)適用的貨物：木板、皮革。

(2)常用的單位：平方公尺（Square Meter）、平方呎（Square Foot）、平方碼（Square Yard）。

4. 個數（Number）

(1)適用的貨物：一般雜貨、工業製品。

(2)常用的單位：件（piece）、套（set）、打（dozen）。

二、數量決定之時間與地點

(一)裝運數量（Shipped Weight Terms）

適用貿易條件FAS、FOB、CFR、CIF、FCA、CPT、CIP。

(二)卸貨數量（Landed Weight Terms）

適用貿易條件DAT。

三、交付數量增減範圍

(一)交貨的數量應與契約約定的數量符合

(二)交貨的數量如與契約約定的數量不符合時

1. 常見原因

(1)貨物運送過程中自然耗損。

(2)貨物不易掌握產出量。

(3)大宗物資之船舶配合較困難。

(4)為裝滿整櫃節省運費。

2. 解決方法

(1)依買賣契約之規定：

①契約中規定Shipping Weight, any loss in weight exceeding 2% to be allowed for by the seller.（以裝運重量為準，起岸重量損失超過2%的部分由賣方

負擔。）起岸重量損失如未超過2%時，賣方無須負擔賠償責任，此2%稱為賣方的免賠額（Franchise）。

②契約中規定One thousand M/T, 5% more or less at seller's option.（數量1,000公噸，賣方交貨時可增減5%。）

(2)依UCP之規定：

①如交貨數量以about、approximate表示，則可增減10%。

②非以包裝單位或個別件數計數者（如KGS、LBS），且動支之總金額未逾信用狀金額者，可增減5%。

第三節　價格條件

一、價格種類

(一)淨價（Net Price）

價格中未包含佣金。其表示方法為在價格之後加上Net 一字；如未加，通常亦視為淨價。例如：USD8.06 per set net FOB Keelung（在基隆港船上交貨不包含佣金，每套8.06美元）。

(二)含佣價格（Price Including Commission）

價格中包含佣金，於交易達成後給付中間商。其表示方法為在貿易條件後加C3或C5，如FOBC3、CIFC5，代表所報價格中包含3%、5%的佣金。

二、價格的計算單位

表示一單價所能購得之貨物數量。

三、貨幣種類

一般可使用出口國之貨幣、進口國之貨幣或第三國之貨幣。進出口商均希望能以本國貨幣計價，來規避匯率風險；或出口商以強勢貨幣、進口商以弱勢貨幣計價較為有利。

四、貿易條件

Incoterms 2010對十一種貿易條件皆規範買賣雙方對費用的分擔，故不同之貿易條件，其出口報價的成本構成亦不同。

五、價格條件表示方法

USD17.00 per set CIF New York.

第四節　包裝條件

一、包裝的種類

(一)散裝貨（Bulk Cargo）

不需要包裝，通常直接以散裝方式交於不定期船大批裝運的貨物。此種貨物大多價值低廉，通常以噸計算載貨重量，一般常見的米、糖、肥料、煤炭、礦砂、椰子、廢鐵、鹽、穀類等大宗物資多用此種方式運送。

(二)裸裝貨（Nude Cargo）

不需要包裝，型態上自成件數，一般常見的如鋼鐵、車輛等。

(三)包裝貨（Packed Cargo）

除散裝貨、裸裝貨以外的貨物之外，均需加以包裝。

1. 目的

　保護貨物、方便運輸倉儲。

2. 種類

　箱裝（Case）、紙箱（Carton）、袋裝（Bag）、捆裝（Bale）等。

二、包裝的原則

(一)應求堅固完整。

(二)包裝材料要適合貨物的性質。

(三)應在安全的原則下，節省包裝費用。

(四)應符合買方的指示。

(五)應符合進口國海關的規定。

三、裝運標誌（Shipping Marks）

(一)主要功能

1. 搬運時易於識別。
2. 簡化賣方單據之製作。
3. 保護貨物以減少損壞。
4. 保持商業機密。

(二)實例

1. 主標誌（Main Mark）
   (1)圖形＋買方英文名稱字母的縮寫：◇XYZ◇
   (2)只有買方英文名稱字母的縮寫：XYZ

2. 卸貨港／目的地標誌（Discharge Port／Destination Port）
   (1)直達
   卸貨港為目的地（港）時，只須標示卸貨港，如Chicago為卸貨港，也是目的地（港）時，標示Chicago即可。
   (2)轉運
   需經其他港口轉運時，如Chicago via Seattle，表示經由 Seattle 運往Chicago，其中Chicago為目的地（港），Seattle為卸貨港。

3. 件號（Case Number）
   (1)文件上的表示
   C/No.1-500，共計500箱。
   (2)包裝上的表示
   C/No.1/500，共計100箱，本箱為第一箱。
   (3)尚未確定購買數量的表示
   C/No. 1-UP，箱號從1號開始連續編號。

4. 原產國標誌（Country of Origin Mark）
   註明該貨物是在何國生產製造的，如Made in Taiwan。

5. 數量與體積標誌（Weight & Measurement Mark）

記載將該箱貨物的毛重、淨重和體積，便於船公司安排艙位。

6. 注意標誌（Caution Mark）

常見用語：FRAGILE當心破碎、POISON劇毒、KEEP DRY保持乾燥、FLAMMABLE易燃品、HANDLE WITH CARE小心搬運、NO SMOKING嚴禁煙火等。

第五節　保險條件

一、貿易條件與保險

貨物運輸保險	貿易條件	投保責任	索賠責任
買方自理	1. EXW	買方	買方
	2. FCA	買方	買方
	3. FAS	買方	買方
	4. FOB	買方	買方
	5. CFR	買方	買方
	6. CPT	買方	買方
賣方投保、買方索賠	1. CIF	賣方	買方
	2. CIP	賣方	買方
賣方自理	1. DAT	賣方	賣方
	2. DAP	賣方	賣方
	3. DDP	賣方	賣方

二、CIF、CIP保險內容

在CIF、CIP貿易條件下，由賣方負責締結保險契約，但貨物運輸風險由買方負

擔，故貨物如有損害，由買方依據賣方提供的保險單或保險證明書向保險公司索賠。站在賣方的立場，貨物損害與本身無關，所以保險種類愈簡單愈好，保險費也就愈便宜；但站在買方的立場，當然希望貨物的所有損害能由保險公司理賠，故為避免紛爭，買賣雙方宜於買賣契約中訂明保險條款。

(一)保險金額

如買賣契約未規定，則依Incoterms 2010之規定為：契約金額加一成。

(二)保險種類

如買賣契約未規定，則依Incoterms 2010之規定：協會貨物條款或任何類似條款最小承保範圍，即ICC（C）或FPA險。

第六節　付款條件

一、付款時間

(一)交貨前付款（預付貨款）

賣方在交貨前，買方即先付清貨款，如CWO。

(二)交貨時付款（裝貨付款）

賣方在交貨或代表貨物所有權的貨運單據時，買方須付清貨款，如CAD、Sight L/C、D/P。

(三)交貨後付款（延付貨款）

賣方在交貨後的一段時期，買方才須付貨款，是延付貨款的交易，如O/A、Installment、Consignment、Usance L/C、D/A。

二、付款方式

(一)匯付（Remittance）

指付款人透過銀行將款項匯交收款人。在國際貿易中如採用匯付，通常是由買方按契約規定的條件和時間（如預付貨款或貨到付款或憑單付款），透過銀行將貨款匯交賣方。在匯付業務中，因其結算工具的傳遞與資金之流動方向相同，故屬順匯。

匯付有四個當事人，即匯款人、匯出行、匯入行和收款人。

1. 電匯（Telegraphic Transfer，簡稱T/T）
　　匯出行接受匯款人委託後，以電傳方式將付款委託通知收款人當地的匯入行，委託其將一定金額的款項解付給指定的收款人。

2. 信匯（Mail Transfer，簡稱M/T）
　　信匯和電匯的區別，在於匯出行向匯入行郵寄付款委託，所以匯款速度比電匯慢。因信匯方式人工手續較多，目前歐洲銀行已不再辦理信匯業務。

3. 票匯（Demand Draft，簡稱D/D）
　　票匯是以銀行即期匯票為支付工具的一種匯付方式。由匯出行應匯款人的申請，開立以其代理行或帳戶行為付款人，列明匯款人所指定的收款人名稱的銀行即期匯票，交由匯款人自行寄給收款人，由收款人憑票向匯票上的付款人（銀行）取款。

4. 支票（Check）
　　由發票人簽發，委託辦理支票存款業務的銀行或者其他金融機構，在見票時無條件支付確定的金額給收款人或持票人的票據。

5. 匯票（Money Order，簡稱M/O）
　　(1)International Money Order：國際匯票。
　　(2)Postal Money Order：郵政匯票。

常見之付款條件有：

1. 訂貨付現（Cash With Order，簡稱CWO）
　　買方下訂單時即以現金付清貨款。

2. 憑單據付現（Cash Against Documents，簡稱CAD）
　　賣方將證明貨物已交運之運送單據交予買方指定之銀行或代理人，即可取得現金。

3. 貨到付現（Cash On Delivery，簡稱COD）
　　貨物到達目的地時，買方即需將貨款交予賣方或其代理人。

4. 寄售（Consignment）

賣方（寄售人）將準備銷售的貨物先行運往國外，委託當地的銷售商按照寄售協議規定的條件在當地市場上銷售。商品售出後，代銷商扣除佣金和其他費用後，將貨款交付給賣方。

5. 記帳（Open Account，簡稱O/A）

賣方於貨物裝運後，將貨運單據直接寄交買方提貨，貨款則以應收帳款暫記買方帳戶，待約定付款期限屆滿時再行結算。此為賒購的付款方式，故其風險自然較大，一般適用於老客戶頻繁的訂單、母子公司之間的交易。

6. 分期付款（Installment）

買賣雙方約定，買方之付款方式分若干期攤付。

(二)信用狀（Letter of Credit，簡稱L/C）

　　1. 信用狀是開狀銀行應進口商的請求，向出口商開立在一定條件下保證付款的憑證。

　　2. 付款的條件是出口商（受益人）向銀行提交符合信用狀規定的單據。

　　3. 在滿足上述條件的情況下，由銀行向出口商付款，或對出口商出具的匯票承兌並付款。

　　4. 付款人可以是開狀銀行，也可以是開狀銀行指定的銀行。收款人可以是受益人，或者是其指定的銀行。

(三)託收（Collection）

　　賣方委託銀行向買方收取貨款的一種結算方式。即賣方先行發貨，再備妥匯票及貨運單據交出口地銀行（託收銀行），委託其透過進口地的分行或代理行（代收銀行）向買方收取貨款。

　　常見種類如下：

1. 依銀行立場分

　　(1)出口託收（Outward Collection）

　　　　出口商將貨物報關出口後，備妥有關之貨運單據、匯票及出口託收申請書，委託出口地銀行（託收銀行）將有關之託收單據寄交進口地銀行（代收銀行），向進口商收取出口貨款，託收銀行俟國外代收銀行收妥貨款，並存入

指定帳戶後，始撥付該筆款項予出口商。就出口地銀行而言，即為出口託收。

(2)進口託收（Inward Collection）

進口地銀行（代收銀行）收到單據後，即依指示向進口商收取貨款，就進口地銀行而言，即為進口託收。

2. 依有無商業單據分

(1)光票託收（Clean Collection）

出口商僅以財務單據（未附商業單據）委託銀行收取貨款。

(2)跟單託收（Documentary Collection）

出口商以附財務單據之商業單據或僅以商業單據委託銀行收取貨款。

依URC 522第2條規定：

(1)財務單據（Financial Documents）

指匯票、本票、支票或其他用以收取款項之類似單據。

(2)商業單據（Commercial Documents）

指商業發票、運送單據、物權憑證、或其他類似單據、或非屬財務單據之其他任何單據。

3. 依交單條件分

(1)付款交單（Documents Against Payment）

出口商於貨物裝運後，備妥商業單據委託銀行託收，俟進口商付款後，始交付貨運單據。依匯票期限又可分為：

①即期付款交單：出口商委託銀行代收的財務單據為即期匯票，付款人於銀行提示單據時，必須立即付款。

②遠期付款交單：出口商委託銀行代收的財務單據為遠期匯票，付款人於銀行提示單據時，僅就匯票予以承兌，到期日前不必付款，但商業單據仍由銀行控制，直至到期日付款人付清貨款，才可自銀行取得商業單據。

(2)承兌交單（Documents Against Acceptance）

出口商於貨物裝運後，備妥商業單據委託銀行託收，進口商於單據到達時，僅須承兌遠期匯票即可取回貨運單據辦理提貨，俟承諾付款之期限屆滿時，始結付貨款。

託收之關係人：

依URC 522第3條規定：

(1)委託人（Principle）

委託銀行處理託收之一方，即受款人（Payee），通常爲出口商，在需簽發匯票之場合時，委託人即爲匯票出票人（Drawer）。

(2)託收銀行（Remitting Bank）

接受委託人委託處理託收之銀行，通常爲委託人之往來銀行。

(3)代收銀行（Collecting Bank）

接受託收銀行之委託，涉及託收業務處理之任何銀行，通常爲託收銀行在進口地之總分行或往來銀行。

(4)提示銀行（Presenting Bank）

向付款人辦理提示之代收銀行，通常爲代收銀行之往來銀行，亦可爲代收銀行本身。

(5)付款人（Drawee）

依託收指示，爲被提示單據之對象，通常爲進口商，在需簽發匯票之場合時，付款人（Payer）即爲匯票付款人（Drawee）。

第七節　交貨條件

■交貨期限之約定

(一)即期交貨

1. 使用prompt（速即）、immediately（立即）、as soon as possible（儘快）等類用語。

2. 依UCP規定：此類用語如經使用，銀行將視爲無記載而不予理會，故應避免使用，以防糾紛發生。

3. 實例：Shipment as soon as possible.（儘速裝運）

(二)限期交貨

國際貿易上較普遍的交貨期限條件，常見的有：

1. 特定於某月內裝運：

   Shipment during September.

   （9月間裝運）

2. 限定某月的一段時間內裝運：

   Shipment in the beginning of April.

   （4月的上旬裝運，即4月1日至10日之間裝運。）

3. 限定某日或之前裝運：

   Shipment on or before June 17.

   （6月17日或之前裝運）

4. 限定大約某日裝運：

   Shipment on or about March 22.

   （3月22日左右裝運，即3月17日至3月27日之間裝運。）

(三)附條件交貨

    1. Shipment within 30 days after receipt of your L/C.

    （收到信用狀後30天內裝運）

    2. Shipment during July subject to approval of export licence.

    （7月裝運，但以獲得輸出許可證為限。）

(四)分批裝運（Partial Shipments）

    1. 允許分批裝運：

    Partial shipments permitted.

    2. 禁止分批裝運：

    Partial shipments not allowed.

(五)轉運（Transhipment）

    1. 允許轉運：

    Transhipment allowed.

    2. 禁止轉運：

    Transhipment not permitted.

    3. 依UCP 600之規定，信用狀條款中若未明確註明是否允許「分批裝運」與允許「轉運」時，則應視為可允許分批裝運和轉運。

(六)遲延交貨

1. 賣方的故意或過失：賣方應負責任，買方可以提單為索賠證明。

2. 不可抗力：賣方可免除責任，但應負舉證責任。

3. 第三者的故意或過失：賣方仍應負責任。

4. 買方的故意或過失：賣方不負責任。

重 點 練 習

( ) 1. 下列何者不屬於一般貿易契約書所稱的基本條款？ (1)品質、數量條款 (2)包裝、保險條款 (3)價格、交貨、付款條款 (4)檢驗、索賠條款。

( ) 2. 下列何項屬貿易契約的基本條款？ (1)交貨條件 (2)不可抗力的免責事項 (3)索賠期限及手續 (4)匯率風險的負擔。

( ) 3. 有關貿易契約中的一般條件，下列敘述何者正確？ (1)效力優先於基本條件 (2)牽涉契約是否因該條件而成立 (3)可視爲基本條件的補充條件 (4)是契約的主要條件。

( ) 4. 依Incoterms 2010之規定，下列貿易條件何者屬Shipped Quality Terms？ (1)FOB (2)DAT (3)DAP (4)DDP。

( ) 5. 依Incoterms 2010之規定，下列貿易條件何者屬Landed Quality Terms？ (1)FOB (2)CIF (3)FAS (4)DAT。

( ) 6. 下列何種商品交易適合以樣品約定品質？ (1)文具 (2)寶石 (3)冷凍魚蝦 (4)黃豆。

( ) 7. 木材交易宜採用下列哪種方式約定品質？ (1)樣品 (2)說明書 (3)標準品 (4)良好適銷品質。

( ) 8. 下列何者屬於以實物約定品質的買賣？ (1)規格交易 (2)樣品交易 (3)標準品交易 (4)品牌交易。

( ) 9. 以 CE Mark 約定品質是 (1)規格交易 (2)標準品交易 (3)說明書交易 (4)商標交易。

( ) 10. FAQ 約定品質之方式適用於 (1)電子產品 (2)成衣 (3)農產品 (4)機械產品之交易。

( ) 11. 有關樣品之選用，下列何者較適當？ (1)以中等平均品質者爲宜 (2)以特製之樣品才能吸引客戶 (3)以買方樣品爲宜 (4)用舊樣品也無妨。

( ) 12. 下列何種品質標準適合寶石等貴重貨物之買賣？ (1)樣品交易 (2)規格交易 (3)標準品交易 (4)說明書交易。

(　) 13. 依原樣品所仿造或精選之樣品稱為　(1)賣方樣品　(2)相對樣品　(3)買方樣品　(4)現貨樣品。

(　) 14. 國際貿易中之交易客體的體積或重量甚大、結構複雜、價格昂貴者，通常以下列何者決定品質？　(1)等級　(2)裝運樣品　(3)目錄或說明書　(4)國家標準規格。

(　) 15. 由買方提供作為買賣貨物之樣品稱為　(1)Buyer's Sample　(2)Seller's Sample　(3)Counter Sample　(4)Shipping Sample。

(　) 16. 憑樣品交易時，如契約中無其他規定，日後賣方所交貨物之品質為何？　(1)可以與樣品大致相同　(2)必須與樣品完全一致　(3)允許有合理程度差異　(4)允許外觀顏色上有一定幅度的差異。

(　) 17. UL屬於　(1)公認之國際標準　(2)美國電器品標準　(3)客戶自定之標準　(4)中華民國國家標準。

(　) 18. 大型機器設備之買賣，適用下列何種品質認定時點？　(1)出廠品質　(2)裝運品質　(3)卸貨品質　(4)買方倉庫品質。

(　) 19. 下列何者屬於交貨前付款之方式？　(1)CWO　(2)L/C　(3)D/P　(4)O/A。

(　) 20. 下列哪一種付款方式為順匯？　(1)憑信用狀押匯　(2)承兌交單託收　(3)信匯　(4)光票託收。

(　) 21. 對買方而言，下列付款條件中，何者最能減輕營運資金的需求？　(1)L/C　(2)Cash With Order　(3)D/P At Sight　(4)D/A。

(　) 22. 下列付款條件中，何者對外銷到外匯短絀國家的出口商較有保障？　(1)D/A　(2)O/A　(3)D/P　(4)Confirmed L/C。

(　) 23. 出口商在下列何種情況下，最適合採用O/A付款條件？　(1)新客戶的訂單　(2)老客戶頻繁的訂單　(3)透過中間商的訂單　(4)進口國政經狀況不穩時。

(　) 24. 下列付款條件之解釋，何者正確？　(1)COD：預付貨款　(2)CAD：貨到付款　(3)CWO：憑單據付款　(4)Installment：分期付款。

(　) 25. 就進口商而言，L/C、D/A、D/P等付款方式對其有利之順序為　(1)L/C，D/A，D/P　(2)D/P，L/C，D/A　(3)D/A，D/P，L/C　(4)D/P，D/A，L/C。

（　）26. 下列何者不屬於訂貨時付現金的付款方式？　(1)信匯　(2)電匯　(3)銀行匯票　(4)信用狀。

（　）27. 匯付方式的簡稱，下列何者錯誤？　(1)T/T：電匯　(2)M/T：信匯　(3)T/D：票匯　(4)M/O：郵政匯票。

（　）28. 當我國貨幣有升值趨勢，我國出口商與交易對手簽約應以哪種付款方式最能規避匯率風險？　(1)CWO　(2)L/C　(3)D/P　(4)O/A。

（　）29. 當交易之商品屬炙手可熱的商品，爲爭取此交易，建議買方應採何種付款方式較適當有利？　(1)CWO　(2)L/C　(3)D/P　(4)O/A。

（　）30. 在匯率波動幅度較大期間，母子公司間往來，宜採用下列何種付款方式？　(1)分期付款　(2)寄售　(3)記帳　(4)信用狀。

（　）31. 下列何者不符合出口包裝之原則？　(1)包裝材料要適合貨物性質　(2)包裝愈牢固愈好，不必節省包裝材料　(3)應符合買方的指示　(4)應符合進口國海關的規定。

（　）32. 一般情況下，汽車專用船進口之車輛其包裝種類屬於　(1)散裝貨物　(2)裸裝貨物　(3)包裝貨物　(4)捆裝貨物。

（　）33. 有關包裝之注意標誌用語，下列何者正確？　(1)KEEP DRY：保持乾燥　(2)FLAMMABLE：易碎品　(3)FRAGILE：易燃品　(4)POISON：不可掛鉤。

（　）34. 有關出口貨品產品本身或外包裝上產地標示的做法，下列何者正確？　(1)將自第三國轉口到臺灣港口未經加工之貨品標示爲臺灣產製後出口　(2)臺灣產製貨品未經專案申請，不標示產地逕自出口　(3)依產地標示規定，正確標示產地　(4)將臺灣產製之出口貨品標示爲日本產製以提高單價。

（　）35. 裝運標誌中出現Made in Taiwan 係爲　(1)Main Mark　(2)Discharging Port　(3)Counter Mark　(4)Country of Origin。

（　）36. 下列哪一種標誌的目的是方便運貨人、買方瞭解箱內貨物內容，以及其他人員搬運時的應注意事項？　(1)Case Number　(2)Shipping Advice　(3)Shipping List　(4)Shipping Marks。

( ) 37. Shipping Mark 的主要功能不包括　(1)搬運時易於識別　(2)簡化賣方單據之製作　(3)保護貨物減少損壞　(4)促銷商品。

( ) 38. 在裝運標誌上若標示Seattle via New York 則表示　(1)The destination is Seattle　(2)The destination is New York　(3)The port of loading is Seattle　(4)The port of loading is New York。

( ) 39. 當買賣契約中規定「C/No.1-UP」，係指　(1)箱號從1號開始連續編號　(2)箱號採1，3，5……跳號方式編號　(3)1號箱要朝上　(4)箱號從1UP、2UP……連續方式編號。

( ) 40. 依據Incoterms 2010之規定，CIF 條件下若貿易契約中未明訂保險金額，賣方至少應投保發票金額的　(1)90%　(2)100%　(3)110%　(4)120%。

( ) 41. 依據Incoterms 2010之規定，CIF 條件下若貿易契約中未明訂投保種類，賣方至少應投保　(1)ICC(A)　(2)ICC(B)　(3)ICC(C)　(4)TLO。

( ) 42. 下列何種貿易條件下，在貿易契約應明訂保險條款之內容方可保障買方權益，避免日後履約時發生爭執？　(1)FOB　(2)CIF　(3)EXW　(4)DDP。

( ) 43. 在CIF的貿易條件之下，運輸保險通常是　(1)買方投保，買方提出保險索賠　(2)賣方投保，賣方提出保險索賠　(3)買方投保，賣方提出保險索賠　(4)賣方投保，買方提出保險索賠。

( ) 44. 契約中約定，當交易發生糾紛時，交由仲裁機構之仲裁人來作公正的判斷，此條件稱為　(1)Claims　(2)Arbitration　(3)Force Majeure　(4)Proper Law。

( ) 45. 買方對賣方提出交貨遲延的索賠時，應以下列何種單據作為證明？　(1)提單　(2)商業發票　(3)輸入許可證　(4)包裝明細表。

( ) 46. 下列敘述何者表示准許轉運？　(1)Transshipment Prohibited　(2)Transshipment Forbidden　(3)Transshipment Permitted　(4)Transshipment Not Allowed。

( ) 47. 契約中交貨條件：Shipment in the beginning of July 是指約在何時裝運？　(1)7月1日　(2)7月5日　(3)7月1～5日　(4)7月1～10日。

( ) 48. 下列何種遲延交貨的原因，買賣雙方均不需負責？　(1)起因於賣方之故意

或過失　(2)起因於第三者之故意或過失　(3)起因於買方之故意或過失
(4)起因於不可抗力事故。

(　　) 49. 爲確保交易貨物符合契約規定，貿易商會針對貨物進行檢查，但下列何種
做法非屬必要？　(1)檢查時應作成紀錄　(2)瞭解客戶之檢查方法　(3)於貨
物在目的港船上時，作第二次檢查　(4)與製造過程中之各單位主管會同檢
查。

(　　) 50. 依Incoterms 2010之規定，以下哪一類貿易條件是以卸貨地爲數量決定點？
(1)EXW　(2)FOB　(3)CFR　(4)DAP。

(　　) 51. 國際貿易中木板之交易，多使用何種計算單位？　(1)長度　(2)面積　(3)重
量　(4)體積。

(　　) 52. 1M/T 約等於　(1)2,000 LBS　(2)2,204 LBS　(3)2,240 LBS　(4)2,420 LBS。

(　　) 53. 國際貿易的交付數量大多以下述的何種重量爲準？　(1)Gross Weight
(2)Net Weight　(3)Conditioned Weight　(4)Tare Weight。

(　　) 54. 國貿實務中計算包裝尺寸經常用材積，一材（CFT）等於　(1)1,278 立方吋
(2)1,728 立方吋　(3)1,728 立方呎　(4)1,872 立方吋。

(　　) 55. 國貿實務中計算海運運費經常用體積頓（CBM），1CBM約爲　(1)35.315
立方吋　(2)35.315 立方公尺　(3)35.315 立方公分　(4)35.315 材。

(　　) 56. 重量計算時，以科學方法抽去貨物中之水分再加上標準含水量時，其計算
重量方式稱爲　(1)理論重量　(2)公量　(3)法定重量　(4)推定重量。

(　　) 57. 合約中有關Sample 條款，下列何者較不適當？　(1)應以Seller's Sample爲
品質標準　(2)農產品之Quality Term可用標準品、FAQ 等標準　(3)當Buyer
提出Buyer's Sample，Seller 最好重新提出Counter Sample　(4)爲求愼重，
Sample Term應註明：100% strictly equal to the sample submitted to you。

(　　) 58. 買賣契約中約定Shipping Weight, any loss in weight exceeding 2% to be
allowed for by the seller，請問2%係指　(1)Approximate　(2)Franchise
(3)Option　(4)Penality。

(　　) 59. USD 5.6/set FOBC3 New York是表示　(1)交易價格5.6美元包含佣金3%在內
在紐約交貨　(2)交易價格5.6美元需另加佣金3%在紐約交貨　(3)交易價格

5.6美元包含佣金USD3在內不在紐約交貨　(4)交易價格5.6美元需外加佣金USD3在紐約交貨。

( )60. 下列何者不屬於國際貿易付款方式？　(1)FCA　(2)COD　(3)L/C　(4)D/P。

( )61. 下列何種託收方式與貨運單證無關？　(1)付款交單的託收　(2)承兌交單的託收　(3)光票託收　(4)跟單託收。

( )62. 託收統一規則中所指之商業單據係指　(1)匯票　(2)本票　(3)支票　(4)貨運單據。

( )63. 在D/P付款方式下，出口商是依何者之要求備齊單據申請託收？　(1)信用狀　(2)買賣契約　(3)進口商　(4)銀行。

( )64. 下列單證何者非跟單託收的應備單證？　(1)匯票　(2)商業發票　(3)提單　(4)售貨確認書。

( )65. 託收銀行接受出口商託收的委託後，將相關單證寄交代收銀行，委託其向進口商代收，此種託收方式稱為　(1)進口託收　(2)出口託收　(3)委託託收　(4)光票託收。

( )66. 光票託收係指以何種單證委託銀行代為收款？　(1)Financial Documents　(2)Transport Documents　(3)Commercial Documents　(4)Contract Documents。

( )67. 下列何者非託收時所應具備之文件？　(1)託收申請書　(2)匯票　(3)保結書　(4)貨運單據。

( )68. 依據URC 522之規定，下列何者不屬於「商業單據」？　(1)運送單據　(2)發票　(3)匯票　(4)物權憑證。

( )69. 買方須將貨款付清，國外代收行始可交付單據給買方提貨，此種支付方式稱為　(1)付款交單　(2)承兌交單　(3)預付貨款　(4)分期付款。

( )70. 託收方式下的D/P和D/A的主要差別為　(1)D/P屬於跟單託收；D/A屬於光票託收　(2)D/P為即期付款；D/A為遠期付款　(3)D/P為付款交單；D/A為承兌交單　(4)D/P為商業信用；D/A為銀行信用。

( )71. 託收付款條件中，D/A 30 days sight與D/P 30 days sight最大的不同點為

(1)前者爲商業匯票，後者爲銀行匯票　(2)前者爲銀行匯票，後者爲商業匯票　(3)前者爲承兌交單後30天付款，後者爲承兌後30天付款交單　(4)兩者皆是出口商提供給買方的商業信用。

(　　) 72. Shipping Mark的主標誌中，文字部分通常代表　(1)買方公司名稱的英文縮寫　(2)目的地　(3)原產地　(4)品質等級。

(　　) 73. 依URC 522之規定，跟單託收的「單」係指下哪種單據？　(1)公證單證　(2)契約單證　(3)商業單證　(4)財務單證。

(　　) 74. 若買方提供樣品請賣方按樣品承做，爲避免將來品質糾紛，賣方最好提供　(1)Advance Sample　(2)Shipment Sample　(3)Counter Sample　(4)Seller's Sample。

(　　) 75. 某製鞋廠欲出清其球鞋庫存，但其樣式繁多，爲避免交易的品質糾紛，則其品質應以下列何者爲準？　(1)sale by standard　(2)sale by seller's sample　(3)sale by inspection　(4)sale by buyer's sample。

(　　) 76. 下列何者非屬價格條件之要件？　(1)貿易條件　(2)幣別　(3)重量單位　(4)計價單位。

(　　) 77. 記帳付款交易（O/A）的條件下，買方從何方取得貨運單據？　(1)押匯銀行　(2)由賣方直接寄交　(3)託收銀行　(4)航運公司。

(　　) 78. 大宗物資大多屬於　(1)併裝貨物　(2)包裝貨物　(3)散裝貨物　(4)整櫃貨物。

(　　) 79. 有關承兌交單的貿易流程順序：a.簽訂買賣契約；b.出口商透過託收銀行取得出口貨款；c.貨物裝運取得裝運單據；d.進口商向進口地代收銀行辦理匯票承兌取得貨運單據辦理提貨；e.出口商備齊單據，委託出口地託收銀行託收；f.匯票到期進口商付款，下列敘述何者正確？　(1)acebdf　(2)acdebf　(3)acedfb　(4)aecbdf。

(　　) 80. 在CIP的貿易條件下，發生海上運輸的保險事故，通常由誰向保險公司提出索賠？　(1)賣方　(2)買方　(3)運輸公司　(4)押匯銀行。

(　　) 81. 國貿實務上交易價格爲CIF C5 Seattle，其中C5意指價格中包含了　(1)運保費5%　(2)佣金5%　(3)佣金5成　(4)分5次給付價金。

第四章

解答：

1.	2.	3.	4.	5.	6.	7.	8.	9.	10.
(4)	(1)	(3)	(1)	(4)	(1)	(4)	(2)	(1)	(3)
11.	12.	13.	14.	15.	16.	17.	18.	19.	20.
(1)	(4)	(2)	(3)	(1)	(2)	(2)	(4)	(1)	(3)
21.	22.	23.	24.	25.	26.	27.	28.	29.	30.
(4)	(4)	(2)	(4)	(3)	(4)	(3)	(1)	(1)	(3)
31.	32.	33.	34.	35.	36.	37.	38.	39.	40.
(2)	(2)	(1)	(3)	(4)	(4)	(4)	(1)	(1)	(3)
41.	42.	43.	44.	45.	46.	47.	48.	49.	50.
(3)	(2)	(4)	(2)	(1)	(3)	(4)	(4)	(3)	(4)
51.	52.	53.	54.	55.	56.	57.	58.	59.	60.
(2)	(2)	(2)	(2)	(4)	(2)	(4)	(2)	(1)	(1)
61.	62.	63.	64.	65.	66.	67.	68.	69.	70.
(3)	(4)	(2)	(4)	(2)	(1)	(3)	(3)	(1)	(3)
71.	72.	73.	74.	75.	76.	77.	78.	79.	80.
(3)	(1)	(3)	(3)	(3)	(3)	(2)	(3)	(3)	(2)
81.									
(2)									

5
常用貿易英文

__(2)__ 1. We would be delighted to ＿＿＿＿ business relations with you. (1)enter
(2)establish (3)open (4)set

譯文：我方很高興與貴方建立商業關係。

說明：與……建立商業關係可用establish (enter into、open up) business relations with ......。

__(3)__ 2. Your order No. A231 is now being processed and should be ready for ＿＿＿＿ by next week. (1)deliver (2)pack (3)dispatch (4)ship

譯文：您的A231號訂單正在處理中，而且準備在下週出貨。

說明：be ready for（預定好）後接名詞。因此，(1)deliver（動詞）、(2)pack（動詞）、(4)ship（動詞）不成立。

__(2)__ 3. Please return the damaged goods. We will replace them free of ＿＿＿＿ .
(1)expense (2)charge (3)pay (4)payment

譯文：請寄回損壞的物品，我方將免費更換。

說明：free of charge免費。

__(3)__ 4. Provided you can offer favorable quotations, we will ＿＿＿＿ regular orders with you. (1)make (2)take (3)place (4)fulfill

譯文：假如您能提供優惠的報價，我們將定期向您訂貨。

說明：向……訂貨可用place (give) orders with ......。

__(1)__ 5. We will do everything we can to _____ early shipment. (1)ensure (2)insuring (3)assured (4)make sure

譯文：我方將竭盡所能確保早日裝運。

說明：原句中的to為不定詞，後應接原形動詞，故(2)、(3)不正確。(1)ensure＋某事（確保某事）、(4)make sure of＋某事（保證某事），故選擇(1)。

__(3)__ 6. You will understand that we must increase sales by distributing through as many _____ as possible. (1)factories (2)consignees (3)outlets (4)contacts

譯文：貴公司應理解，我們必須藉由許多的暢貨中心來增加銷售量。

說明：(1)factories工廠、(2)consignees受貨人、(3)outlets暢貨中心、(4)contacts熟人。題意為增加銷售量，故應選擇(3)。

__(2)__ 7. Can we send our representative to you with a model of the machine so he can give you a _____ ? (1)instruction (2)demonstration (3)illustration (4)quotation

譯文：我方可委派代表前往貴公司展示機器模型嗎？

說明：(1)instruction使用說明、(2)demonstration展示、(3)illustration圖解、(4)quotation報價。

__(2)__ 8. We can send you a replacement, or if you like, we can _____ your account. (1)charge (2)credit (3)debit (4)deduct

譯文：我們可以寄給您替換品，或如果您願意，我們可以把退款存入您的帳戶。

說明：credit your account存入貴公司的帳戶，debit your account從貴公司的帳戶中扣除。

__(3)__ 9. Thank you for your enquiry _____ October 12 concerning DVD players. (1)date (2)dating (3)of (4)on

譯文：謝謝您在10月12日關於DVD播放機的詢價信。

說明：Thank you for your enquiry of（或dated）October 12... .

__(2)__ 10. The new model has several additional _____ which will appeal to customers. (1)dimensions (2)features (3)specialties (4)measurements

譯文：新的模型具有一些吸引客戶的特色。

説明：(1)dimensions面積、(2)features特色、(3)specialties專長、
(4)measurements體積。

(1)　11. As the photocopier is still under _____ , we'll repair it for free.　(1)warranty
(2)standard　(3)instruction　(4)construction

譯文：由於影印機仍在保固期限內，我們將免費修理。

説明：under warranty在保固期限的。

(4)　12. We would like to know whether the firm is _____ in settling its accounts
promptly.　(1)reasonable　(2)favorable　(3)advisable　(4)reliable

譯文：我方想知道工廠在結清帳款上是否可靠。

説明：(1)reasonable合理的、(2)favorable好意的、(3)advisable明智的、
(4)reliable可靠的、可信賴的。

(4)　13. As the time of shipment is fast approaching, we must ask you to fax the L/C
and shipping _____ immediately.　(1)advice　(2)documents　(3)manual
(4)instructions

譯文：由於接近裝運日期，我方必須要求您立刻傳真信用狀和裝運指示。

説明：依題意可知我方為賣方，故選擇(4)shipping instructions裝運指示，買
方負責洽船時，在裝船前告知賣方船名、裝船地及裝船時間等裝運指
示。

至於(1)shipping advice裝運通知，為賣方裝船後向買方發出通知，以
利買方購買保險、準備進口報關及提貨事宜。

(1)　14. In regard to your invoice No. 23130 for $2,578, which we expected to be cleared
two weeks ago, we still have not yet received your _____ .　(1)remittance
(2)transfer　(3)pay　(4)account

譯文：關於第23130號發票的2,578元，我們預期應在兩個禮拜前付清，但至
今仍未收到您的匯款。

(3)　15. We trust that the _____ will reach you in perfect condition.　(1)packing
(2)shipping　(3)consignment　(4)assignment

譯文：我們相信貨物到達您手中時會是理想的狀態。

説明：(3)consignment運送之貨物。

__(4)__ 16. Any information you provide will be treated in strict _____ . (1)secret (2)silence (3)caution (4)confidence

譯文：您所提供的任何資料將被保密處理。

說明：in confidence和in secret皆為秘密地，但對於文件、情報等為機密時，多用in confidence。

__(1)__ 17. We would be grateful if you would allow us an _____ of three months to pay this invoice. (1)extension (2)exception (3)intention (4)invention

譯文：如果您允許我們延長三個月支付這張發票，將感激不盡。

說明：(1)extension延長、(2)exception例外、(3)intention打算、(4)invention發明。

__(1)__ 18. The goods you inquired about are sold out, but we can offer you a _____ . (1)substitute (2)compensation (3)refund (4)replace

譯文：您詢問的物品已經賣完，但我們可以提供您替代品。

說明：(1)substitute替代物、(2)compensation補償金、(3)refund退款、(4)replace取代。原句應填名詞，故選擇(1)。(4)為動詞，不符合；(2)、(3)則語意不合。

__(2)__ 19. We _____ to inform you that our customers find your prices too high. (1)dislike (2)regret (3)advise (4)require

譯文：我方很遺憾的通知您，我們的顧客發覺您的價格太高了。

說明：其中(3)advise＋某人＋to＋原形動詞（通知、建議）。

__(3)__ 20. Owing to a fire in our warehouse, we have to _____ the shipping date to August 15. (1)cancel (2)schedule (3)postpone (4)forward

譯文：由於我們的倉庫失火，所以必須延遲出貨日期至8月15日。

說明：(1)cancel取消、(2)schedule排定、(3)postpone延期、(4)forward發送。

__(3)__ 21. At the fair, we will _____ some of our newly-developed products. (1)secure (2)procure (3)exhibit (4)expand

譯文：在展覽會上，我們將展示一些新開發的產品。

說明：(1)secure使安全、(2)procure獲得、(3)exhibit展示、(4)expand擴展。

__(1)__ 22. The package _____ the dinner plates appeared to be in good condition.

(1)containing　(2)maintaining　(3)included　(4)excluded

譯文：含有餐盤的包裹看起來狀況良好。

說明：(1)containing包含，為實體上的包含，特別指容器內裝的東西或其成份為何。(3)included包含，多半是抽象而非實體的包含。故應選擇(1)。

(2) 23. We have ＿＿＿ from the Chamber of Commerce in Boston that you are a leading manufacturer of waterproof watches in Taiwan.　(1)known　(2)learned　(3)told (4)written

譯文：我方從波士頓商會得知，貴公司在臺灣是防水手錶的領導製造商。

說明：We have learned（或heared）from...：我方透過……知悉。

(3) 24. We enclose our credit note No. C35 for $15.75, which is a ＿＿＿ for the overcharge on invoice No. A321.　(1)balance　(2)debt　(3)refund　(4)bonus

譯文：我們隨函附上第C35號的折讓單15.75元，這是第A321號發票所退還的多收款。

說明：(1)balance餘額、(2)debt債務、(3)refund退款、(4)bonus獎金、紅利。credit note貸項通知、折讓單，為顧客退貨時商店發給的憑證。故選擇(3)較合理。

(4) 25. If you are not already represented here, we should be interested in acting as your ＿＿＿ agents.　(1)travel　(2)collection　(3)forwarding　(4)sole

譯文：如果您在此地尚無代理商，我方極有興趣成為您的獨家代理商。

說明：acting as擔任……的角色。

(2) 26. The agency we are offering will be on a ＿＿＿ basis.　(1)competition (2)commission　(3)compensation　(4)conversation

譯文：我們提供的代理業務採佣金制。

說明：on a ... basis方式、原則、基礎。

(2) 27. As this is our first transaction with you, we would be obliged if you could provide us with some ＿＿＿＿.　(1)recommend　(2)references　(3)clients (4)credits

譯文：這是我們第一次交易，如果您能提供一些備詢人，將感激不盡。

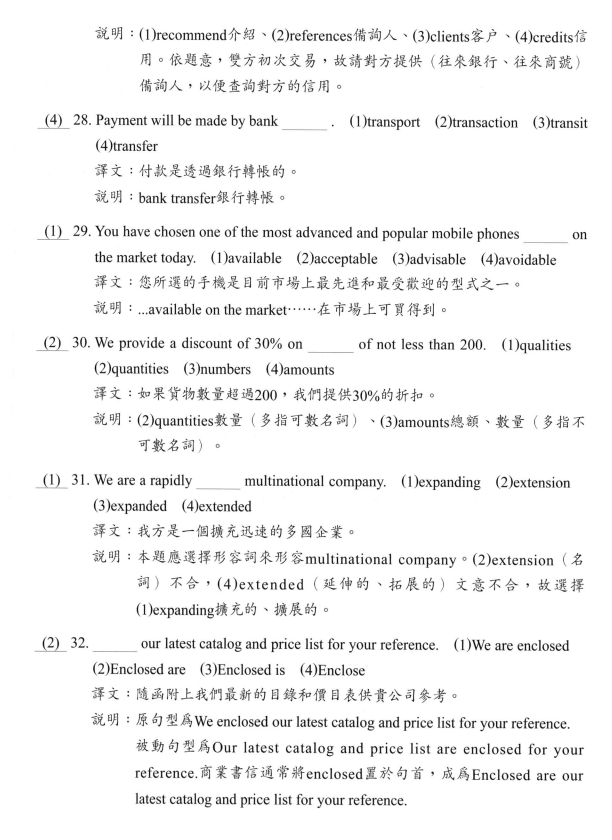

說明：(1)recommend介紹、(2)references備詢人、(3)clients客戶、(4)credits信用。依題意，雙方初次交易，故請對方提供（往來銀行、往來商號）備詢人，以便查詢對方的信用。

(4) 28. Payment will be made by bank _____. (1)transport (2)transaction (3)transit (4)transfer

譯文：付款是透過銀行轉帳的。

說明：bank transfer銀行轉帳。

(1) 29. You have chosen one of the most advanced and popular mobile phones _____ on the market today. (1)available (2)acceptable (3)advisable (4)avoidable

譯文：您所選的手機是目前市場上最先進和最受歡迎的型式之一。

說明：...available on the market……在市場上可買得到。

(2) 30. We provide a discount of 30% on _____ of not less than 200. (1)qualities (2)quantities (3)numbers (4)amounts

譯文：如果貨物數量超過200，我們提供30%的折扣。

說明：(2)quantities數量（多指可數名詞）、(3)amounts總額、數量（多指不可數名詞）。

(1) 31. We are a rapidly _____ multinational company. (1)expanding (2)extension (3)expanded (4)extended

譯文：我方是一個擴充迅速的多國企業。

說明：本題應選擇形容詞來形容multinational company。(2)extension（名詞）不合，(4)extended（延伸的、拓展的）文意不合，故選擇(1)expanding擴充的、擴展的。

(2) 32. _____ our latest catalog and price list for your reference. (1)We are enclosed (2)Enclosed are (3)Enclosed is (4)Enclose

譯文：隨函附上我們最新的目錄和價目表供貴公司參考。

說明：原句型為We enclosed our latest catalog and price list for your reference. 被動句型為Our latest catalog and price list are enclosed for your reference. 商業書信通常將enclosed置於句首，成為Enclosed are our latest catalog and price list for your reference.

__(4)__ 33. We have arranged with our bankers to open a letter of credit _____ . (1)for your benefit (2)in your interest (3)in your account (4)in your favor

譯文：我方已經安排銀行簽發以貴公司為受益人的信用狀。

說明：in your favor以貴公司為受益人。

__(1)__ 34. We are manufacturers of high quality _____ . (1)office equipment (2)fax machine (3)furnitures (4)kitchenwares

譯文：我們是高品質辦公設備的製造商。

說明：equipment設備、furniture傢俱、kitchenware廚房用具，皆為集合名詞，不用複數形式。machine機器，則為可數名詞，應加s。

__(4)__ 35. You will notice that the prices quoted are _____ for a product of this quality. (1)extremely competing (2)extreme competition (3)extreme competitors (4)extremely competitive

譯文：您會發現這種品質的產品報價是極具競爭力的。

說明：extremely competitive極具競爭力的。

__(1)__ 36. _____ your confirmation, we will execute the order. (1)Upon receipt of (2)After receive (3)When we will receive (4)As soon as receive

譯文：一收到您的確認，我們將履行訂單。

說明：Upon receipt of、After receiving（或After we receive）、As soon as we receive、When we receive：一收到……，就……。

__(2)__ 37. _____ you can see from the enclosed catalogue, we offer a wide range of products. (1)While (2)As (3)If (4)Unless

譯文：正如您所見的隨函目錄，我方提供各式各樣的產品。

說明：As you can see...正如您所見。

a wide range of...各式各樣的……。

__(3)__ 38. The broken teapots have been kept aside _____ you need them to support a claim on your suppliers for compensation. (1)as long as (2)unless (3)in case (4)so that

譯文：破掉的茶壺被放置在一旁，以備您需要以它作為向供應商求償的證明。

說明：(1)as long as只要，(2)unless除非、(3)in case萬一、如果、(4)so that以……為目的。

__(3)__ 39. _____ shipment has been effected, we will advise you by fax.　(1)As long as (2)As far as　(3)As soon as　(4)As for

譯文：一旦裝運後，我方將用傳真通知您。

說明：(1)As long as只要，(2)As far as在…的範圍，(3)As soon as一…就…，(4)As for至於。

__(2)__ 40. If the quality of the goods comes up to our expectations, we can probably let you have _____ orders.　(1)trial　(2)regular　(3)rare　(4)usual

譯文：如貨物品質達到我們的期望，我們或許可以向貴公司長期訂貨。

說明：(1)trial試驗的　(2)regular經常的、定期的　(3)rare稀有的　(4)usual通常的。

__(3)__ 41. We have enclosed our price list but should point out that prices _____ as the market for raw materials is rather unstable at present.　(1)likely to change　(2)are changed possibly　(3)are subject to change　(4)maybe changing

譯文：隨函附上價目表，但我們必須指出價格可能會有所變化，因為目前原物料市場相當不穩定。

說明：(1)應改為 that prices are likely to be changed...（be likely to + 原形動詞：有可能…）。(2)應改為that prices will be changed possibly...（是未來可能改變）。(3)that prices are subject to change...（be subject to...有…可能，to為介係詞，後接名詞）。(4)應改為that prices may be changed...（maybe為副詞）。

__(2)__ 42. As this model is _____ , we would recommend that you accept this offer as soon as possible.　(1)in great supply　(2)in great demand　(3)out of stock　(4)out of order

譯文：由於此型式的需求很大，我們建議您儘快接受報價。

說明：(1)in great supply供給很大、(2)in great demand需求很大、(3)out of stock無存貨的、(4)out of order故障的。依題意為建議對方儘快接受報價，應是需求大才合理。

(3) 43. _____ if you could send some samples of the material.　(1)We would appreciate　(2)We would be appreciated　(3)It would be appreciated　(4)We would grateful

譯文：我們將不勝感激，如果您能寄送一些原物料的樣品。

說明：appreciate感激（為及物動詞，後接受詞），故(1)應改為We would appreciate it...或其被動句型(3)It would be appreciated...。grateful感激的（為形容詞，前應有be動詞），故(4)應改為We would be grateful...。

(2) 44. If you have any questions, please _____ .　(1)do not be polite.　(2)do not hesitate to let us know.　(3)do not forget to tell us.　(4)do remember asking us.

譯文：如果您有任何問題，請儘速讓我們知道。

說明：do not hesitate不要猶豫。

(3) 45. We hope that you will find these terms _____ .　(1)pleasure　(2)reasonably　(3)satisfactory　(4)accepted

譯文：希望您覺得這些條款是令人滿意的。

說明：本題句型為find ＋ 受詞 ＋ 受詞補語，故應以形容詞或名詞修飾these terms。(1)pleasure（名詞）高興，文意不合。(2)reasonably（副詞）合理地，應改為reasonable（形容詞）。(3)satisfactory（形容詞）令人滿意的。(4)accepted（形容詞）被接受的，文意不合。

(4) 46. We look forward to _____ .　(1)hear from you soon　(2)hearing of you soon　(3)you promptly reply　(4)your prompt reply

譯文：期望您的迅速答覆。

說明：look forward to...期望，後接名詞。(1)及(2)應改為hearing from you soon。

(3) 47. We _____ for 20 years.　(1)are in this line of business　(2)do business with European importers in washing machines　(3)have been exporting printers　(4)have established here as general exporters

譯文：我方出口印表機已經20年了。

說明：原題意為我方…已經20年了，故應使用現在完成式或現在完成進行式。

(1)應改爲：We have been in this line of business for 20 years.

(2)應改爲：We have been doing business with European importers in washing machines for 20 years.

(4)應改爲：We have been established here as general exporters for 20 years.

(2) 48. We are importers in the textile trade and would like to get in touch with ＿＿＿＿ of this line.　(1)buyers　(2)suppliers　(3)customers　(4)consigners

譯文：本公司是紡織品貿易的進口商，想要與此產業的供應商聯絡。

(4) 49. We have quoted our most ＿＿＿＿ prices.　(1)favor　(2)favored　(3)favorite (4)favorable

譯文：我方所報的已是最優惠的價格。

說明：本題應以形容詞修飾prices，故選擇(4)。

(4) 50. We apologize for the delay and trust it will not ＿＿＿＿.　(1)cause your inconvenience　(2)cause your problem　(3)cause you problem　(4)cause you inconvenience

譯文：我們爲延遲而道歉，相信這不會造成貴公司的不便。

說明：cause＋間接受詞（某人）＋直接受詞（某事）：給某人造成某事。

　　　(2)、(3)應改爲cause you problems（problem爲可數名詞）。

(1) 51. ＿＿＿＿, we are enclosing our catalogue and price list.　(1)As requested　(2)As request　(3)As requiring　(4)As requires

譯文：依照要求，我方隨函附入產品目錄及價目表。

說明：As requested依要求。

(1) 52. Please confirm the order ＿＿＿＿ email and send us the shipping information along with your invoice.　(1)by　(2)in　(3)on　(4)through

譯文：請用電郵確認訂單，並且將裝船資料和發票寄送給我們。

說明：by藉由…方式。

(2) 53. Unfortunately, there is no manufacturer that we know of who can ＿＿＿＿. (1)make your requirements　(2)meet your needs　(3)take your demand (4)satisfy your want

譯文：不幸地，據我所知，沒有製造商符合您的需求。

說明：meet your needs、meet your requirements符合（或滿足）您的需求。

(3) 54. The inspector looked at the _____ to check where the goods were produced. (1)bill of lading　(2)commercial invoice　(3)certificate of origin　(4)consular invoice

譯文：檢驗人員檢驗原產地證明書，確認貨物是在哪邊生產的。

(4) 55. _____ is usually written in an email or at the end of a business letter before the names of the people who will receive a copy.　(1)P.S.　(2)Ref.　(3)Enc. (4)C.C.

譯文：C.C.通常是寫在電郵裡或商業信函結尾的收信人姓名之前，他們將會收到副本。

說明：(1)P.S.（post script）附言、(2)Ref.（reference）參考、(3)Enc. （enclose）附件、(4)C.C.（carbon copy）副本抄送。

(3) 56. This line has proved so popular that we regret to inform you that _____ .　(1)it is no longer in production　(2)it has sold out　(3)it is out of stock　(4)it has been discontinued

譯文：此貨物非常受歡迎，我們很遺憾地通知您沒有現貨。

說明：本題意為此貨物證明非常受歡迎，故選擇(3)it is out of stock（已無現貨）較合理，或(2)改為we have sold out或it has been sold out。(1)及(4) 則不合題意。

(1) 57. Would you please _____ this matter and send our order without further delay.

(1)look into　(2)investigate into　(3)deal in　(4)take care

譯文：請您調查這件事情和儘速寄送我方所訂購的貨物。

說明：(2)investigate ＋ 某事：調查某事，investigate為及物動詞，直接接受詞。(3)deal in：經營，文意不合。(4)take care of＋某事：處理某事。

(2) 58. Please _____ to them for any information concerning our company.　(1)ask (2)refer　(3)consult　(4)request

譯文：請向他們詢問有關本公司的任何資料。

說明：(1)ask ＋ 某人：詢問、請求某人，(3)consult ＋ 某人：諮詢某人，(4)request ＋ 某人：請求某人。ask、consult、request皆為及物動詞，

直接接受詞。

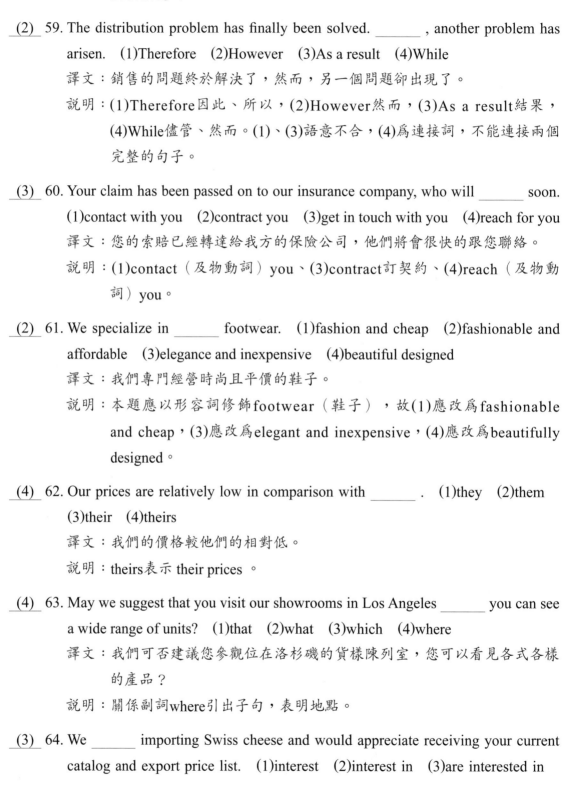

(2) 59. The distribution problem has finally been solved. _____ , another problem has arisen. (1)Therefore (2)However (3)As a result (4)While

譯文：銷售的問題終於解決了，然而，另一個問題卻出現了。

說明：(1)Therefore因此、所以，(2)However然而，(3)As a result結果，(4)While儘管、然而。(1)、(3)語意不合，(4)為連接詞，不能連接兩個完整的句子。

(3) 60. Your claim has been passed on to our insurance company, who will _____ soon. (1)contact with you (2)contract you (3)get in touch with you (4)reach for you

譯文：您的索賠已經轉達給我方的保險公司，他們將會很快的跟您聯絡。

說明：(1)contact（及物動詞）you、(3)contract訂契約、(4)reach（及物動詞）you。

(2) 61. We specialize in _____ footwear. (1)fashion and cheap (2)fashionable and affordable (3)elegance and inexpensive (4)beautiful designed

譯文：我們專門經營時尚且平價的鞋子。

說明：本題應以形容詞修飾footwear（鞋子），故(1)應改為fashionable and cheap，(3)應改為elegant and inexpensive，(4)應改為beautifully designed。

(4) 62. Our prices are relatively low in comparison with _____ . (1)they (2)them (3)their (4)theirs

譯文：我們的價格較他們的相對低。

說明：theirs表示their prices。

(4) 63. May we suggest that you visit our showrooms in Los Angeles _____ you can see a wide range of units? (1)that (2)what (3)which (4)where

譯文：我們可否建議您參觀位在洛杉磯的貨樣陳列室，您可以看見各式各樣的產品？

說明：關係副詞where引出子句，表明地點。

(3) 64. We _____ importing Swiss cheese and would appreciate receiving your current catalog and export price list. (1)interest (2)interest in (3)are interested in

(4)are interesting to

譯文：我們有興趣進口瑞士起士，如能收到您們當前的目錄和出口價目表，將感激不盡。

說明：某人 be interested in＋名詞：對…有興趣。

___(4)___ 65. The new model is _____ than the old one. (1)more efficiently (2)more better (3)less cheaper (4)much lighter

譯文：新的模型比舊的輕得多。

說明：(1)應改為more efficient。(2)應改為much better。因better已是比較級，故不需再加上more。(3)應改為less cheap。less後接形容詞原級。

___(3)___ 66. The following is a list of our _____ products. (1)late-developed (2)fast-grown (3)best-selling (4)most cheap

譯文：下面列出我們最暢銷的商品。

說明：(1)應改為latest-developed最新研發的。(2)應改為fastest-growing快速成長的。(4)應改為much cheap非常便宜的。

___(1)___ 67. Regarding the damaged goods, we have filed a _____ with the insurance company. (1)claim (2)complaint (3)compensation (4)commission

譯文：關於損壞的貨物，我們已經向保險公司提出索賠。

說明：(1)claim索賠、(2)complaint抱怨、(3)compensation賠償、(4)commission佣金。

___(4)___ 68. To a Briton, 5/3/09 is _____. (1)9 March 2005 (2)September 3 2005 (3)3 May 2009 (4)5 March 2009

譯文：對英國人而言，5/3/09是2009年3月5日。

說明：英國式英文的日期寫法為日/月/年，故5/3/09為5 March 2009。

___(3)___ 69. Our prices are considerably lower than _____ of our competitors for goods of similar quality. (1)which (2)that (3)those (4)ones

譯文：對於相似品質的貨物，我們的價格跟競爭對手比起來，相對較低。

說明：英語常用that / those代替前面所提到的事物（單數/複數）。本句prices是複數，故選those。

___(3)___ 70. We sent you a fax on October 12 _____ some information about your notebook computers.　(1)request　(2)requests　(3)requesting　(4)requested

譯文：我們在10月12日傳真給您，詢問一些關於筆記型電腦的資訊。

說明：原句爲We sent you a fax on October 12 which is requesting some information about your notebook computers. which is可以省略。

(1)　71. We can _____ and will have no trouble meeting your delivery date.　(1)supply from stock　(2)provide the good　(3)settle the account　(4)immediate delivery

譯文：我們可以供應現貨，並如期交貨。

說明：(1)supply from stock供應現貨。(2)應改爲provide the goods供應貨物（good當貨物時應加s）。(3)settle the account結清帳目（不符合本句文意）。(4)應改爲immediately deliver即刻交貨（We can後應接原形動詞）。依題意應選擇(1)。

(3)　72. We enclose our check for $1,530.75 _____ your invoice number A531.　(1)for pay　(2)for payment　(3)in payment of　(4)to settle of

譯文：我們附上1,530.75元的支票，用以支付您第A531號的發票。

說明：(3)in payment of付款。(4)settle清償，爲及物動詞，不需介係詞of。

(2)　73. Three cases in the consignment _____ on arrival.　(1)damaged　(2)were missing　(3)were short shipping　(4)lost

譯文：運送的三箱貨物在抵達時不見了。

說明：(1)應改爲were damaged受損。(2)were missing下落不明的、失蹤的。(3)應改爲were short shipped短裝。(4)應改爲were lost 遺失。

(3)　74. _____ the trade discount stated, we would allow you a special first-order discount of 3%.　(1)In spite of　(2)In regard to　(3)In addition to　(4)In reply to

譯文：除了所述的貿易折扣外，我們給予您特別的初次訂貨折扣3%。

說明：(1)In spite of儘管。(2)In regard to關於。(3)In addition to除…之外。(4)In reply to答覆。

(4)　75. This product is not only of the highest quality but also very _____.　(1)reasonable price　(2)reasonable priced　(3)reasonably pricing　(4)reasonably priced

譯文：這個產品不只是最高品質，而且是合理地訂價。

說明：price（動詞）給…訂價，常用被動時態。

(3) 76. Under the circumstances, we have no choice _____ he order. (1)but cancel (2)but will cancel (3)but to cancel (4)but canceling

譯文：在這種情況下，我們別無選擇，只能取消訂單。

說明：...have no choice but to＋原形動詞：除了…之外，別無他法。

(4) 77. The term "middle of a month" in the letter of credit shall be construed as (1)the 5th to the 10th (2)the 5th to the 15th (3)the 11th to the 15th (4)the 11th to the 20th

譯文：信用狀條款「中旬」解釋爲該月第11日到第20日。

說明：依UCP第3條規定，中旬係指該月第11日至20日。

(2) 78. This offer will be _____ if not accepted before June 15, 2009. (1)made (2)withdrawn (3)confirmed (4)refused

譯文：此報價如在2009年6月15日前沒有接受的話，將會被撤回。

說明：(1)made被提出、(2)withdrawn被撤回、(3)confirmed被確認、(4)confirmed被拒絕。(1)、(3)、(4)皆不符合文意。

(1) 79. We will grant you a 3% discount if your order _____ is over £15,000 for one shipment. (1)value (2)quantity (3)quality (4)worthy

譯文：如果您每批貨物的訂單價值超過15,000英鎊，我方會給予貴公司3%的折扣。

說明：(4)worthy（形容詞）值得的。本空格應填入主詞，故不合。

(4) 80. We have instructed our bankers to _____ the L/C. (1)correcting (2)settle (3)revised (4)amend

譯文：我們已經指示銀行修改信用狀。

說明：本空格應填入原形動詞，故(1)、(3)不合。

(3) 81. Please _____ the overdue payments immediately. (1)solve (2)pay (3)settle (4)exchange

譯文：請立刻結清逾期的款項。

說明：settle payments付款。

(1) 82. Our delivery will be a week early, so we'd like to _____ the payment date as well. (1)move up (2)look forward (3)put off (4)call off

譯文：我們的交貨日期將提前一個星期，所以也想提前付款日期。

說明：move up上移。move up the payment date將付款日期提前。

(4) 83. We have the pleasure to introduce _____ as an import agent.　(1)you (2)yourselves　(3)us　(4)ourselves

譯文：我方很榮幸地自我介紹為一進口代理商。

說明：introduce ourselves自我介紹。

(2) 84. Please open the relative _____ as soon as possible so we can arrange shipment without delay.　(1)B/L　(2)L/C　(3)P/I　(4)T/T

譯文：請儘快開發相關的信用狀，讓我方可立即安排裝貨。

說明：(1)B/L提單、(2)L/C信用狀、(3)P/I預期發票、(4)T/T電匯。

(2) 85. According to UCP 600, the term "on or about June 5th" in the L/C shall be construed as _____.　(1)from May 31st to June 5th　(2)from May 31st to June 10th　(3)from June 5th to June 10th　(4)from June 4th to June 6th

譯文：根據UCP 600規定，信用狀條款「6月5號前後」應解釋為5月31日至6月10日。

說明：依UCP第3條規定，在或於其前後（on or about）或類似用語，將解釋為特定事件應在特定日期前後五曆日期間內。

(1) 86. We _____ in high quality bicycles.　(1)specialize　(2)range　(3)provide (4)manufacture

譯文：我們專門經營高品質的腳踏車。

說明：(3)provide提供，(4)manufacture製造，皆為及物動詞，後不可接in。

(1) 87. A: What do you do?　B: _____　(1)I'm a sales assistant.　(2)I'm looking for a file.　(3)I'm good at typing.　(4)I am busy at work.

譯文：A：您從事哪一行？　B：我是銷售助理。

說明：(1)我是銷售助理。(2)我在找一個檔案。(3)我精於打字。(4)我忙於工作。

(4) 88. A: I've got an appointment with Mr. Smith.　B: _____　(1)What time was it?　(2)When do you have in mind?　(3)What time would be convenient? (4)When is he expecting you?

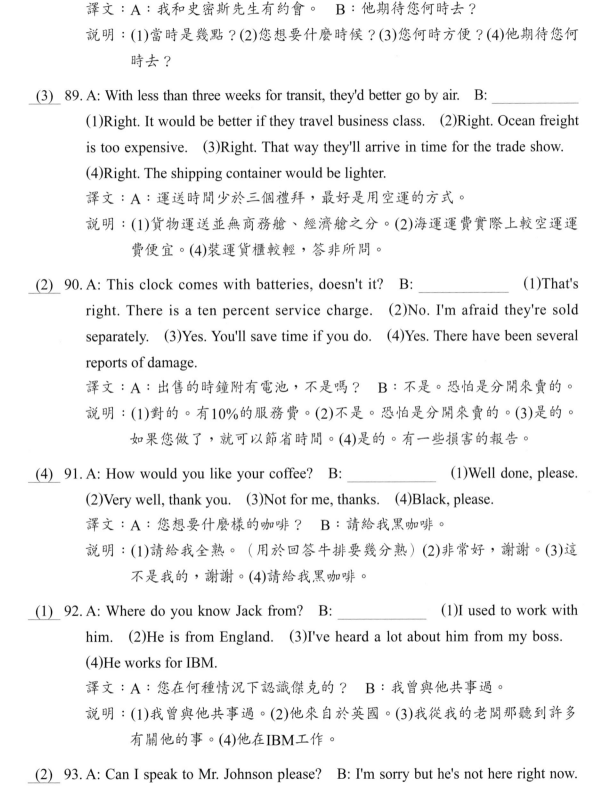

譯文：A：我和史密斯先生有約會。　B：他期待您何時去？

說明：(1)當時是幾點？(2)您想要什麼時候？(3)您何時方便？(4)他期待您何時去？

(3) 89. A: With less than three weeks for transit, they'd better go by air.　B: _____
(1)Right. It would be better if they travel business class.　(2)Right. Ocean freight is too expensive.　(3)Right. That way they'll arrive in time for the trade show. (4)Right. The shipping container would be lighter.

譯文：A：運送時間少於三個禮拜，最好是用空運的方式。

說明：(1)貨物運送並無商務艙、經濟艙之分。(2)海運運費實際上較空運運費便宜。(4)裝運貨櫃較輕，答非所問。

(2) 90. A: This clock comes with batteries, doesn't it?　B: _____　(1)That's right. There is a ten percent service charge.　(2)No. I'm afraid they're sold separately.　(3)Yes. You'll save time if you do.　(4)Yes. There have been several reports of damage.

譯文：A：出售的時鐘附有電池，不是嗎？　B：不是。恐怕是分開來賣的。

說明：(1)對的。有10%的服務費。(2)不是。恐怕是分開來賣的。(3)是的。如果您做了，就可以節省時間。(4)是的。有一些損害的報告。

(4) 91. A: How would you like your coffee?　B: _____　(1)Well done, please. (2)Very well, thank you.　(3)Not for me, thanks.　(4)Black, please.

譯文：A：您想要什麼樣的咖啡？　B：請給我黑咖啡。

說明：(1)請給我全熟。（用於回答牛排要幾分熟）(2)非常好，謝謝。(3)這不是我的，謝謝。(4)請給我黑咖啡。

(1) 92. A: Where do you know Jack from?　B: _____　(1)I used to work with him.　(2)He is from England.　(3)I've heard a lot about him from my boss. (4)He works for IBM.

譯文：A：您在何種情況下認識傑克的？　B：我曾與他共事過。

說明：(1)我曾與他共事過。(2)他來自於英國。(3)我從我的老闆那聽到許多有關他的事。(4)他在IBM工作。

(2) 93. A: Can I speak to Mr. Johnson please?　B: I'm sorry but he's not here right now.

_____ (1)Can I leave a message?　(2)Can I take a message?　(3)I'll put you through.　(4)I'll call back later.

譯文：A：我可以和強森先生說話嗎？　B：抱歉，他現在不在這裡。有需要留言嗎？

說明：(1)我能留話嗎？(2)有需要留言嗎？(3)我幫您轉接。(4)我等一會再打來。

__(3)__ 94. A325 有現貨嗎？（譯成英文）　(1)Do you have A325 in hand?　(2)Do you have A325 in line?　(3)Do you have A325 in stock?　(4)Do you have A325 in shop?

說明：in stock 有現貨。

__(2)__ 95. 很高興報價如下：（譯成英文）　(1)We please to quote as the following:　(2)We are pleased to quote as follows:　(3)We are pleased to quote as following:　(4)We are pleased quoting as follow:

說明：be pleased to＋原形動詞：高興…。

　　　　as follows、as the following：如下。

__(4)__ 96. 您的貨款已逾期三個月。（譯成英文）　(1)You payment has expired for three months.　(2)Your payment expired three months ago.　(3)Your payment is overdue three months.　(4)Your payment is three months overdue.

說明：overdue（形容詞）逾期。

　　　　three months overdue逾期三個月。

__(3)__ 97. 因為5月1日放假，所以我們會在5月2日送貨。（譯成英文）　(1)Because May 1 is a holiday, so we will send your shipment on May 2.　(2)Because of May 1 is a holiday, we will send your shipment on May 2.　(3)Since May 1 is a holiday, we will send your shipment on May 2.　(4)Due to May 1 is a holiday, so we will send your shipment on May 2.

說明：(1)because和so不可以連用，因兩個子句之間只需要有一個連接詞。

　　　　(2)because of因為，是介係詞，後接名詞。

　　　　(4)due to由於、因為，是介係詞，後接名詞。

__(4)__ 98. 因貴方與本公司長期合作，我們將照定價打75折給您。（譯成英文）

(1)Because of your long association with our company, we will give you a discount of 75% off the list price.　(2)Because of your long association with our company, we will grant you a 75% discount of the list price.　(3)Because of your long association with our company, we will allow you 25% of the list price.　(4)Because of your long association with our company, we will offer you a 25% discount off the list price.

說明：give、grant、allow、offer給予（…折扣）。

a discount of 25% off、a 25% discount off：打75折。

__(3)__　99. 我們急需這些貨品。（譯成英文）　(1)We urgent need these goods.　(2)We require emergency of these goods.　(3)We are in urgent need of these goods.　(4)These goods are urgent required.

說明：(1)應改爲We urgently need these goods.(2)emergency（名詞）緊急情況，故文意不合。(4)應改爲These goods are urgently required.

__(2)__　100. 我們不可能再降價。（譯成英文）　(1)We are impossible to make any further reduction.　(2)It would be impossible for us to make any further reduction.　(3)Any further reduction is out of question.　(4)Reducing price is unlikely to us.

說明：(1)impossible（不可能的）通常不以人當主詞，應使用(2)句型。(3)out of question毫無疑問的，故文意不合。(4)be unlikely to＋原形動詞：不大可能。

__(4)__　101. 儘管原物料價格上漲，我們仍維持原價。（譯成英文）　(1)Despite prices of raw materials have risen, our prices remain unchanged　(2)Although prices of raw materials have decreased, we maintain our old prices.　(3)Raw material prices have raised, but we maintain our existing prices.　(4)In spite of the rise in raw material prices, we maintain our existing prices.

說明：(1)despite儘管，爲介係詞，後接名詞。(2)decreased（下跌）應訂正爲increased（上漲）。(3)raised爲及物動詞，後須接受詞。

__(4)__　102. 發票會寄至您訂單上所提供的地址：楓林街 179號。（譯成英文）　(1)The invoice will be sent to 179 Maple Street, it is the address you provided in your order.　(2)The invoice will be sent to 179 Maple Street, that is the address you provided in your order.　(3)The invoice will be sent to 179 Maple Street, which the address you provided in your order.　(4)The invoice will be sent to 179 Maple Street, the address you provided in your order.

說明：原句為The invoice will be sent to 179 Maple Street, (which is) the address you provided in your order.其中which is可省略。

___(3)___ 103. 我們另外寄上樣品。（譯成英文）　(1)We are sending you our samples in another mail.　(2)We are sending you our samples in another envelope.　(3)We are sending you our samples under separate cover.　(4)We are sending you our samples under separate post.

說明：under separate cover、by separate post另函。

___(3)___ 104. Please advise us by email once the goods have been shipped.（譯成中文）
(1)請以電郵一次通知貨物裝船。　(2)請以電郵方式，就這一次裝船事項提供意見。　(3)一旦貨物裝船，請電郵告知。　(4)一旦貨物裝船，請以電郵提供相關意見。

說明：once：連接詞，一旦……，馬上……。

___(4)___ 105. Our supplier has informed us that the item is out of stock at present.（譯成中文）
(1)目前供應商已告知庫存的項目。　(2)供應商告知庫存的商品已當作贈品送出。　(3)供應商告知贈品缺貨。　(4)供應商告知該商品目前已無庫存。

說明：out of stock沒有存貨。

___(3)___ 106. We have to inform you that the model in question has already been discontinued.
(1)您所詢問的模型已寄出，就此通知。　(2)有疑問的模型已不能再繼續使用，就此通知。　(3)該機種已停產，就此通知。　(4)有問題的機種已經停產，就此通知。

說明：in question考慮中、被談論的。

___(2)___ 107. He asked you to reply to his message at the earliest possible time. Which one is the closest in meaning to the underlined phrase?　(1)RSVP　(2)ASAP　(3)VAT (4)ETA.

說明：(1)RSVP（Respondez s'il vous plait）請回覆。(2)ASAP（As Soon As Possible）儘快。(3)VAT（Value Added Tax）加值稅。(4)ETA（Estimated Expected Arrival）預計抵達時間。

 (1) 108. Which of the following abbreviations is not related to companies?　(1)Enc.
(2)Ltd.　(3)Corp.　(4)Co.

說明：(1)Enc.（enclose）附件。(2)Ltd.（Limited）有限公司。(3)Corp.
（Corporation）合夥公司。(4)Co.（Company）公司。

 (4) 109. Which one is not a standard address abbreviation?　(1)Ave.　(2)St.　(3)Blvd.
(4)Encl.

說明：(1)Ave.（Avenue）巷、林蔭大道。(2)St.（Street）街道。(3)Blvd.
（Boulevard）林蔭大道。(4)Encl.（enclose）附件。

 (4) 110. Which of the following terms is not related to paymen?　(1)L/C　(2)D/P
(3)O/A　(4)FOB.

說明：(1)L/C信用狀，(2)D/P付款交單，(3)O/A記帳，皆為付款條件；
(4)FOB裝船港船上交貨，則為貿易條件。

6

要約、承諾、索賠 ————

要　約

第一節　交易磋商的過程

1. 交易磋商是指買賣雙方就交易條件進行協商，協調雙方利益一致，以達成交易。
2. 交易磋商可以是口頭的（面談或電話），也可以是書面的（傳眞、電傳或信函）。
3. 交易磋商的過程可分成詢價、報價、還價和接受四個環節，其中報價和接受是不可少的，爲達成交易所必須的法律步驟。
4. 以下分就詢價、報價、還價和接受加以說明。

(一)詢價（Inquiry）

詢價是交易的一方向對方探詢交易條件，表示交易意願的一種行爲。詢價多由買方發出，也可由賣方發出，內容可詳可略。詢價對交易雙方無約束力。

(二)報價（Offer）

1. 報價是交易的一方（報價人）向另一方（被報價人）提出各項交易條件，並願意按這些條件達成交易的一種表示。

2. 報價在法律上稱為要約，在報價的有效期限內，一經被報價人無條件接受，契約即告成立，報價人必須按報價條件履行契約義務的法律責任。

3. 報價多由賣方提出（Selling Offer）；也可由買方提出（Buying Offer），又稱出價（Bid）。

實務中常見由買方詢價後，賣方報價，但也可以不經過詢價，一方直接報價。

(三)還價（Counter Offer）

1. 還價是被報價人不同意報價中的交易條件而提出修改或變更的意見。

2. 還價在法律上稱為反要約，實際上是被報價人以報價人的地位發出的一個新報價。原報價人成為新報價的被報價人。

3. 還價是被報價人對原報價的拒絕，原報價因而失效，原報價人不再受其約束。

4. 還價可以在雙方之間反覆進行，還價的內容通常僅陳述需變更或增添的條件，對雙方同意的交易條件毋須重複。

(四)接受（Accept）

1. 接受是被報價人在報價的有效期限內，無條件地同意報價中提出的各項交易條件，願意按這些條件和對方達成交易的一種表示。

2. 接受在法律上稱為承諾，接受一經送達報價人，契約即告成立，雙方均應履行契約所規定的權利義務。

第二節　報　價

一、穩固報價（Firm Offer）

(一)定義

1. 含確定意思的報價。

2. 報價人表明其接受的有效期限。

3. 被報價人只要在報價有效期限內接受，契約即告成立。

4. 在報價有效期限內，報價人不得後悔或拒絕。

(二)有效報價的條件

依「聯合國國際商品買賣公約」規定：

1. 必須明確表明願意依所提條件訂約。

2. 報價內容十分確定。

3. 必須向特定人發出。

二、非穩固報價（Non-Firm Offer）

不含確定意思的報價，須經報價人做最後的確認，契約才能成立，為民法上之「要約引誘」。

實務上，價目表、型錄或樣品寄送是為要約引誘。

三、附條件報價（Conditional Offer或Subject Offer）

(一)定義

報價中聲明以某特定事件之發生或不發生為報價生效之條件，為民法上之「要約引誘」。

(二)常見種類

1. This offer is subject to our final confirmation.

（此報價須經報價人最後確認才有效。）

2. This offer is subject to goods unsold.

（此報價須以貨物尚未售出才有效。）

3. This offer is subject to shipping space available.

（此報價須以取得艙位才有效。）

四、還價（Counter Offer）

被報價人對報價人所報價之條件，全部或部分不同意，而提出變更之請求。其法律效果如下：

1. 還價為拒絕原報價而使原報價失效。

2. 還價為新報價。

五、其他種類報價

(一)Free Offer

未定有效期限的報價。

(二)Special Offer

特別報價,又稱廉售報價。通常賣方為推銷其存貨,而同時向一個以上的客戶報價,以先買先售之廉售方式為報價條件。

(三)Standing Offer

持續報價,又稱長效報價。報價人發出撤回通知之前持續有效的報價,通常為賣方手邊存貨很多,可隨時供應買方之需求。

(四)General Offer

一般報價,又稱不具抬頭的報價。以一般社會大眾為報價的對象。

(五)Combined Offer

聯合報價,報價人將兩種以上之貨物同時發出報價,被報價人必須同時接受才有效,一般用於貨物一批易售、一批難售之情形。

六、報價的生效時期

1. 多數國家採到達主義,即報價通知書必須到達被報價人時才生效。
2. 「聯合國國際商品買賣公約」明確規定,報價送達被報價人時生效。
3. 我國民法第94條規定:「其意思表示,以相對人瞭解時,發生效力。」民法第95條規定:「非對話而為意思表示者,其意思表示,以通知到達相對人時,發生效力。」故我國對話報價採瞭解主義,非對話報價採到達主義。

七、報價的撤回和撤銷

(一)報價的撤回

報價於送達被報價人時生效,報價人於報價尚未生效之時,可將其撤回,故撤回通知應在報價送達被報價人之前或同時到達。

(二)報價的撤銷

對於已送達被報價人的報價可否撤銷,各國法律有不同規定:

1. 英美法認為報價在被接受前可以撤銷。

2. 大陸法認為報價生效後即不得撤銷。

3. 「聯合國國際商品買賣公約」對此作出折衷的規定：報價送達被報價人後，在被報價人未表示接受前，報價人將撤銷通知送達被報價人，報價可予撤銷。

第二部分
承　諾

第一節　接　受

一、有效接受的條件

依「聯合國國際商品買賣公約」規定：

1. 必須由被報價人發出。由第三者接受，只能視作一項新的報價。

2. 必須是無條件的。有條件接受只能視作還價。

3. 必須在報價規定的有效期限內作出。逾報價有效期限接受，只能視為一項新的報價。

4. 接受必須表示出來。沉默或不行動不構成接受。

二、接受的生效時期

1. 英美法採發信主義，即接受通知書一經投遞或發出，立即生效。

2. 大陸法採到達主義，即接受通知書必須到達報價人時才生效。

3. 「聯合國國際商品買賣公約」明確規定，接受送達報價人時生效。

三、接受的撤回和撤銷

(一)接受的撤回

在接受送達報價人之前，被報價人將撤回接受的通知送達報價人，或兩者同時送達，則接受可以撤回。

(二)接受的撤銷

接受一旦送達，契約即告成立，被報價人無權單方面撤銷。

第二節　國際貿易契約書之簽訂

一、簽訂貿易契約之基本原則

1. 充分表達當事人意思。
2. 條款內容具體明確且具一致性。
3. 顧及法律規定。

二、國際貿易契約之簽訂方式

(一)確認書方式

買賣之一方將交易內容製成確認書，寄交對方，表示確認所成交之內容。

1. 由賣方製作者，稱售貨確認書（Sales Confirmation）或預期發票（Proforma Invoice）。
2. 由買方製作者，稱購貨確認書（Purchase Confirmation）或訂單（Purchase Order）。

(二)契約書方式

買賣之一方將交易內容製成契約書，由雙方共同簽署。

1. 由賣方製作者，稱輸出契約（Export Contract）。
2. 由買方製作者，稱輸入契約（Import Contract）。

(三)預期發票（Proforma Invoice）

1. 純形式之發票，尚無實際交易發生。原為賣方推銷貨物時，提供買方估算貨物進口成本之參考文件，實際上買賣契約尚未成立，賣方也並未出貨。
2. 實務上，預期發票若具有報價之內容而構成法律上之要約（offer）者，即可替代報價單用。某些國家規定，申請輸入許可證（I/P）時，須提出報價單；如無報價單，得憑預期發票申請。
3. 預期發票若具有售貨確認書之條件者，可替代售貨確認書用。

(四)預先簽訂一般交易協議書

　　1.買賣雙方於信用調查後，預先簽訂一般交易協議書；契約成立後，則簽立個別契約書。兩者合一，才爲完整契約。

　　2.個別契約書之效力優於一般交易協議書。

三、國際貿易契約之內容

(一)基本交易條件

品質條件、數量條件、包裝條件、保險條件、價格條件、交貨條件、付款條件。

(二)一般交易條件

智慧財產權條件（Intellectual Property Rights）、檢驗條件（Inspection）、索賠條件（Claims）、不可抗力條件（Force Majeure）、仲裁條件（Arbitration）、匯率變動條件（Exchange Rate Risk）、準據法條件（Proper Law）。

(三)效力

一般交易條件是基本交易條件的補充說明，故基本交易條件效力優於一般交易條件。

第三部分
索　賠

第一節　貿易索賠

貿易索賠常見種類說明如下：

一、買賣索賠（Trade Claim）

爲買賣當事人之間發生糾紛的索賠，可分爲賣方索賠及買方索賠，國際貿易中以此類索賠最多。

(一)預防方法

　　1.遵守誠信原則。

2. 嚴格選擇交易對象。

3. 熟悉國際貿易慣例及對方國家法令。

4. 審慎研訂契約條款。

5. 嚴格履行契約。

(二)買賣索賠類別

1. 正當索賠

又稱真正的索賠，係買賣當事人之一方未能履約，致對方受損，而提出之索賠。

2. 不正當索賠

(1)誤解索賠

為不正當之索賠。買賣之一方誤會契約條件，所提出之索賠。

(2)市場索賠

因市場行情變化，導致進口價格下跌，買方不甘損失，而假藉各種理由向賣方索賠。

(三)買賣索賠內容

1. 金錢索賠

如減價、折價、退款及損害賠償。

2. 非金錢索賠

如換貨、補交、修護、取消契約等。

二、運輸索賠（Transportation Claim）

船公司在運輸過程中因貨物處理不當，致使貨物受損，應負賠償貨主之責任。

三、保險索賠（Insurance Claim）

貨物在運輸過程中，因保險事故發生所引發之貨物損害，此損害屬於運輸保險承保的範圍，則可向保險公司請求損害賠償。依海商法第151條規定：要保人或被保險人，自接到貨物之日起，一個月內不將貨物所受損害通知保險人或其代理人時，視為無損害。

第二節　國際商務仲裁

一、國際貿易糾紛的解決方法

國際貿易中，雙方在履約過程中有可能發生爭議。由於買賣雙方之間的關係是一種平等互利的合作關係，所以一旦發生爭議，首先應透過友好協商的方式解決，以利於保護商業機密和企業聲譽。如果協商不成，則當事人可按照契約約定或爭議的情況，採用協商、調解、仲裁或訴訟等方式解決爭議。

(一)協商

由買賣雙方自行解決。當事人以友好方式，直接就糾紛的內容及解決方案，互相協商，直到達成圓滿的協議。採用此種方法的最大優點是雙方對於整個交易過程、發生糾紛的環境、原因最為清楚，在能顧及雙方情誼下，迅速達成圓滿協議。又因不須對外張揚，當能維持良好的商譽。

(二)調解

經第三人調解糾紛。任何的商業糾紛，最好是由當事人自行解決。但若無法經由自行解決而達成圓滿協議，則可經由具有公正廉潔的品格，並有豐富的貿易知識與經驗的調解人居間協調，謀求雙方同意解決的方式。

(三)仲裁

由當事人雙方約定，將彼此現在或未來的爭議，由選定的仲裁機構來裁奪。在國際貿易上，以仲裁方式解決貿易糾紛是常例，原因是仲裁具有快速、經濟、保密、具有法律效力並由專家裁決等優點。但通常是在事態嚴重、雙方僵持不下的情況，才會選擇採用仲裁或是訴訟方式。

(四)訴訟

遵循法律途徑，向法院提起訴訟，並依法院判決解決糾紛。但就目前貿易現狀來看，採取訴訟方式解決紛爭的並不多，這不僅是因為訴訟程序相當複雜，且訴訟採取三審定讞制度，往往曠日費時，而雙方花費在律師、訴訟及執行費用上的金錢亦很可觀，除非不得已，大多數當事人通常不願採取此方式來解決。

二、仲裁（Arbitration）

仲裁條款的內容一般包括仲裁地點、仲裁機構、仲裁程序、仲裁裁決的效力及仲裁費用的負擔等。

(一)仲裁地點的選擇

仲裁地點是協議中最為重要的一個問題，因為仲裁地點與仲裁適用的程序和契約爭議所適用的法律密切相關，通常均適用於仲裁所在地國家的仲裁法和實體法。

仲裁地點一般採用下列三種方法：

1. 被告地主義

執行上較為方便及有效。

2. 起岸地主義

貿易糾紛如為貨物品質、數量及規格不符者，以貨物所在地為仲裁地較為適宜，方便仲裁人實際查看貨物。

3. 第三國主義

因政治理由或第三國之仲裁機構較完備時，亦可選擇第三國為仲裁地。

(二)仲裁機關

常見之仲裁機關有下列幾種：

1. 商會同業公會
2. 國際商會
3. 商品交易協會

(三)仲裁人之選定

1. 由當事人選定

這是最普通之方法。

2. 由法院選定

當事人無法決定時，得聲請由法院為之選定。

3. 由仲裁機關選定

當事人可決定由仲裁機關選定。

(四)仲裁費用

仲裁費用的負擔可在協議中訂明，通常由敗訴一方支付，也可規定由仲裁庭裁決。

(五)仲裁效力

仲裁裁決是終局的，對雙方當事人均有約束力，不得向任何機構提出變更裁決的請求。

1. 我國仲裁效力

   與法院之確定判決具有同一效力。

2. 外國仲裁效力

   經聲請法院裁定承認後，得為執行。

重點練習

( ) 1. 詢報價之步驟為：a.還價；b.訂約；c.報價；d.接受，其順序下列何者正確？ (1)abcd (2)cadb (3)acdb (4)cdba。

( ) 2. 有關詢價（Inquiry）之敘述，下列何者錯誤？ (1)內容不以價格為限 (2)賣方也可發出詢價 (3)發出詢價的一方不受詢價內容之約束 (4)詢價只詢問價格就好。

( ) 3. 有關報價（Offer）之敘述，下列何者正確？ (1)一定要由賣方發出 (2)可以用口頭方式報價 (3)一定要用書面報價 (4)買方不能報價。

( ) 4. 以取得輸出許可證為條件之報價屬於 (1)Firm Offer (2)Special Offer (3)Standing Offer (4)Conditional Offer。

( ) 5. 下列何者能使契約有效成立？ (1)超過報價有效期限的接受 (2)還價 (3)附加條件的接受 (4)報價經有效的接受。

( ) 6. 下列何者不是貿易契約書之功能？ (1)確定交易之內容 (2)產地證明 (3)解決糾紛之依據 (4)方便履約。

( ) 7. 下列何者為買方所製作之書面契約或確認書？ (1)Purchase Order (2)Proforma Invoice (3)Sales Confirmation (4)Quotation。

( ) 8. 下列何種報價不須再經原報價人同意，只要被報價人發出承諾通知，契約即成立？ (1)不確定報價 (2)穩固報價 (3)附條件報價 (4)逾期報價。

( ) 9. 商品價目表的寄送視為 (1)要約的引誘 (2)要約 (3)反要約 (4)承諾。

( ) 10. 下列何者對於報價人具有約束力？ (1)附條件報價 (2)未確定報價 (3)還價 (4)穩固報價。

( ) 11. 下列何者屬於國際貿易契約文件？ (1)保險單 (2)報價單 (3)包裝單 (4)海關發票。

( ) 12. 國際貿易契約中，由賣方製作並以確認書方式簽訂者稱為 (1)售貨契約 (2)購貨契約 (3)購貨確認書 (4)售貨確認書。

( ) 13. 關於國際貿易契約的敘述，下列何者錯誤？ (1)代理契約中代理人必須自

負盈虧　(2)經銷契約中經銷人可享有經銷賣方特定商品的權利　(3)預先簽訂之「一般交易協議書」的效力低於「個別交易協議書」　(4)契約中的基本交易條件通常包括品質、數量、價格、付款、交貨、保險等項。

(　) 14. 當承諾由買方發出時，賣方為了使對方瞭解其已收到承諾，通常會再發出另一封函件，稱為　(1)重複報價　(2)賣方報價　(3)售貨確認書　(4)契約通知書。

(　) 15. 下列何者不屬於書面報價？　(1)電傳　(2)電話　(3)E-mail　(4)傳真。

(　) 16. 下列敘述何者視為還價？　(1)變更報價中的付款條件　(2)表示考慮對方的報價　(3)報價的誘引　(4)對對方的報價條件表示沉默。

(　) 17. 未訂有效期限的報價稱為　(1)General Offer　(2)Free Offer　(3)Firm Offer　(4)Counter Offer。

(　) 18. 報價單上載有Offer Subject to Goods Unsold 是屬　(1)穩固報價　(2)非穩固報價　(3)聯合報價　(4)持續報價。

(　) 19. 下列哪項費用，原則上是由賣方負擔？　(1)開狀手續費　(2)進口簽證費　(3)PSI費用　(4)押匯手續費。

(　) 20. 書面報價之生效時間，聯合國國際貨物買賣契約公約（CISG）上大多採　(1)發信主義　(2)到達主義　(3)瞭解主義　(4)表白主義。

(　) 21. 下列行為何者為要約？　(1)寄送價目表　(2)寄送型錄　(3)寄送樣品　(4)發出報價單。

(　) 22. 下列承諾的方式，何者不正確？　(1)口頭　(2)書面　(3)電報　(4)沉默。

(　) 23. 報價經還價後，原報價　(1)可以再議　(2)等對方同意即可成交　(3)失去效力　(4)仍然有效。

(　) 24. 下列何者不是「有效接受」的要件？　(1)接受報價人須是被報價人　(2)在報價的有效期限內接受　(3)接受大部分的報價內容　(4)未附帶條件的接受。

(　) 25. 下列何者不是「有效報價」的要件？　(1)報價是向非特定人發出　(2)報價人明確表示願依所提條件訂約　(3)報價內容十分確定　(4)報價需具備各種

基本交易條件。

( ) 26. 某出口商向國外進口商報價後,即於報價有效期限內同時接到國外進口商的接受和撤回接受的電傳,則此「接受」的效果為何? (1)可以撤回 (2)能否撤回無法確定 (3)須在出口商同意的情況下才可撤回 (4)不得撤回,必須與出口商簽約。

( ) 27. 我方於8月1日對外報價,有效期限至8月5日止,對方於8月3日回電還價並請我方回覆,此時,國際市場價格上漲,我方未予答覆。對方又於8月5日來電表示接受我方8月1日的報價,則 (1)接受有效 (2)接受無效 (3)如我方未提出異議,則契約成立 (4)屬於附條件的接受。

( ) 28. 某項出口報價於7月25日以郵寄形式送達進口商,但在此前的7月23日,出口商以一傳真告知進口商,報價無效,此行為屬於 (1)報價的撤回 (2)報價的修改 (3)一項新報價 (4)報價的撤銷。

( ) 29. 當契約書的正面條款與背面條款產生矛盾時,則其解釋應以下列何者為準? (1)正面條款為優先 (2)背面條款為優先 (3)須考量正面條款與背面條款之原意 (4)由雙方當事人協商。

( ) 30. 關於預期發票(Proforma Invoice)之敘述,下列何者錯誤? (1)賣方交貨後簽發給買方 (2)可供買方向其政府申請輸入許可證 (3)可供買方向銀行申請外匯或開發信用狀 (4)只要進口商接受,即可視同契約。

( ) 31. 下列何者並非貿易實務上常見的索賠? (1)保險索賠 (2)買賣索賠 (3)運輸索賠 (4)匯兌損失索賠。

( ) 32. 處理貿易索賠與糾紛的方法有:a.當事人自行和解;b.經由第三人調解;c.經由商務仲裁;d.經由訴訟途徑解決,其優先順序應為 (1)abcd (2)cdba (3)abdc (4)cabd。

( ) 33. 下列何者為賣方索賠時可能採取的行動? (1)退貨 (2)扣留貨物 (3)補送貨物或換貨 (4)減價。

( ) 34. 下列何者非為預防買賣索賠糾紛的正確作為? (1)熟悉國際貿易慣例 (2)遵守誠信原則 (3)迅速發出索賠通知 (4)嚴格履行契約。

( ) 35. 出口商遭到進口商索賠時,會要求進口商提供 (1)運送人報告 (2)保險證

明　(3)公證報告　(4)進口地政府證明。

（　）36. 船公司在運輸過程中因貨物處理不當，致使貨物受損，理應賠償貨主，此稱為　(1)貿易索賠　(2)保險索賠　(3)運輸索賠　(4)買賣索賠。

（　）37. 國際商務仲裁不具備下列何項優點？　(1)經濟　(2)可保密　(3)簡單快速　(4)當事人可自行決定是否遵守判決。

（　）38. 在各種解決商務糾紛的方法中，手續最繁雜與曠日費時，且耗損金錢及精神的是　(1)和解　(2)調解　(3)仲裁　(4)訴訟。

（　）39. 下列對商務仲裁之描述，何者錯誤？　(1)具公信力　(2)不具法律效力　(3)費用低廉　(4)具保密性。

（　）40. 有關我國仲裁判斷效力之敘述，下列何者正確？　(1)比法院之確定判決效力低　(2)比法院之確定判決效力強　(3)與法院之確定判決具有同一效力　(4)當事人可向仲裁人提出上訴。

（　）41. 買方對賣方的索賠時，若買賣雙方事先無約定仲裁費用，如賠償成立，則按慣例仲裁費用由誰負擔？　(1)買方　(2)賣方　(3)雙方平均分攤　(4)買方三分之一，賣方三分之二。

（　）42. 一般而言，仲裁人的遴選方式為依　(1)當事人同意　(2)仲裁機構選定　(3)法院選定　(4)按照公約規定。

（　）43. 買方因市場行情變化而假藉理由向賣方提出之索賠屬於　(1)誤解索賠　(2)市場索賠　(3)正當索賠　(4)賣方索賠。

（　）44. 下列何者屬於非金錢索賠？　(1)折價　(2)退款　(3)換貨　(4)損害賠償。

（　）45. 有關貿易糾紛之仲裁地，下列何者較方便於仲裁判斷之執行？　(1)起岸地主義　(2)被告地主義　(3)第三國主義　(4)離岸地主義。

（　）46. 對於品質不良糾紛，仲裁地之選擇宜採　(1)起岸地主義　(2)被告地主義　(3)第三國主義　(4)離岸地主義。

（　）47. 下列何者不是目前各國辦理仲裁的機關？　(1)商會　(2)商品交易協會　(3)法院　(4)國際商會。

（　）48. 依我國法律，商務仲裁之約定應以何種方式為之?　(1)口頭　(2)特定形式

(3)書面　(4)公證。

(　　　) 49. 海商法第151條，要保人或被保險人，自接到貨物之日起，幾個月內不將貨物所受損害通知保險人或其代理人時視爲無損害？　(1)1個月　(2)2個月　(3)3個月　(4)6個月。

第六章

解答：

1.	2.	3.	4.	5.	6.	7.	8.	9.	10.
(2)	(4)	(2)	(4)	(4)	(2)	(1)	(2)	(1)	(4)
11.	12.	13.	14.	15.	16.	17.	18.	19.	20.
(2)	(4)	(1)	(3)	(2)	(1)	(2)	(2)	(4)	(2)
21.	22.	23.	24.	25.	26.	27.	28.	29.	30.
(4)	(4)	(3)	(3)	(1)	(1)	(2)	(1)	(1)	(1)
31.	32.	33.	34.	35.	36.	37.	38.	39.	40.
(4)	(1)	(2)	(3)	(3)	(3)	(4)	(4)	(2)	(3)
41.	42.	43.	44.	45.	46.	47.	48.	49.	
(2)	(1)	(2)	(3)	(2)	(1)	(3)	(3)	(1)	

7

貿易條件與報價

第一節　貿易條件解釋規則之種類

一、美國對外貿易定義（American Definition）

由美國相關機構制定，其中FOB貿易條件共分六種。

二、華沙牛津規則（Warsaw Oxford Rules）

由國際法協會制定，只解釋CIF一種貿易條件。

三、國貿條規（Incoterms）

1. 由國際商會制定。目前通行版本為Incoterms 2010，共解釋十一種貿易條件。
2. 每一貿易條件下，買賣雙方的義務統一分為十項。賣方共同之義務為交付貨物，買方之共同義務為支付價金。
3. Incoterms英文原文為International Commercial Terms（國際商業條件）。

第二節　Incoterms 2010

一、Incoterms 2010兩大類貿易條件

類　　　別	貿　易　條　件
適用任何或多種運送方式	EXW、FCA、CPT、CIP、DAT、DAP、DDP
適用海運及內陸水路運送方式	FAS、FOB、CFR、CIF

二、Incoterms 2010十一種貿易條件

貿易條件	風險移轉點	費用負擔		通關費、稅捐		適用運送方式	條件後所列指定地點
		運費	保險費	出口	進口		
EXW 工廠交貨條件 Ex Works	賣方在其營業場所將貨物交付買方處置為止	買方	買方	買方	買方	任何或多種運送方式	裝運地
FCA 貨交運送人條件 Free Carrier	賣方在其營業場所或其他指定地點將貨物交買方指定運送人接管為止	買方	買方	賣方	買方	任何或多種運送方式	裝運地
FAS 裝運港船邊交貨條件 Free alongside Ship	賣方負責將貨物運至裝運港買方指定之船邊為止	買方	買方	賣方	買方	海運或內陸水路運送	裝運港
FOB 裝運港船上交貨條件 Free on Board	賣方負責將貨物運至裝運港買方指定之船舶上為止	買方	買方	賣方	買方	海運或內陸水路運送	裝運港
CFR 運費在內條件 Cost and Freight	賣方負責將貨物運至裝運港船舶上為止	賣方	買方	賣方	買方	海運或內陸水路運送	目的港

貿易條件	風險移轉點	費用負擔				適用運送方式	條件後所列指定地點
		運費	保險費	通關費、稅捐			
				出口	進口		
CIF 運保費在內條件 Cost, Insurance and Freight	賣方負責將貨物運至裝運港船舶上為止	賣方	賣方	賣方	買方	海運或內陸水路運送	目的港
CPT 運費付訖條件 Carriage Paid to	賣方負責將貨物運至交貨地交指定運送人接管為止	賣方	買方	賣方	買方	任何或多種運送方式	目的地
CIP 運保費付訖條件 Carriage and Insurance Paid to	賣方負責將貨物運至交貨地交指定運送人接管為止	賣方	賣方	賣方	買方	任何或多種運送方式	目的地
DAT 終點點交貨條件 Delivered at Terminal	賣方負責將貨物運至指定目的港或目的地的指定終點站（例如：碼頭、倉庫、貨櫃場或公路、鐵路或航空貨物站），從抵達運送工具卸下的貨物交由買方處置時為止	賣方	賣方	賣方	買方	任何或多種運送方式	目的港或目的地
DAP 目的地交貨條件 Delivered at Place	賣方負責將貨物運至指定目的地，將尚未從運送工具卸下的貨物交由買方處置時為止	賣方	賣方	賣方	買方	任何或多種運送方式	目的地

貿易條件	風險移轉點	費用負擔				適用運送方式	條件後所列指定地點
		運費	保險費	通關費、稅捐			
				出口	進口		
DDP 輸入國稅後交貨條件 Delivered Duty Paid	賣方負責將貨物運至指定目的地，將尚未從運送工具卸下的貨物交由買方處置時為止	賣方	賣方	賣方	賣方	任何或多種運送方式	目的地

第三節　其他非定型貿易條件

一、FOB & C佣金在內之裝運港船上交貨條件

賣方除應負擔費用及風險至裝船港船上外，還須支付佣金（Commission）。

二、FOBFI裝貨費用船方免責之裝運港船上交貨條件

在大宗貨物交易時，賣方不負擔裝貨費用，而由買方負擔裝貨費用。

三、C & I保險費在內交貨條件

賣方須負擔保險費，並提供保險單據給買方。

四、In Bond進口地保稅倉庫交貨條件

賣方須負擔費用及風險，將貨物運到進口地辦妥保稅手續後，寄存於保稅倉庫，並負擔至買方於約定交貨日取得貨物為止的所有費用及風險。買方則於取得貨物所有權後，向海關辦理進口手續，繳納進口稅後領取貨物。

第四節　貿易條件的選用原則

　　一般須考慮之因素有買賣雙方之市場優勢、運保費之考量、運輸方式及外匯管制等。以進出口商最常使用的FOB及CIF貿易條件而言：

　　在運費及保費有上漲趨勢、找船不容易、本國貨幣有升值趨勢的情況下，賣方宜採FOB貿易條件，買方宜採CIF貿易條件。反之，運費及保費有下跌趨勢、找船容易、本國貨幣有貶值趨勢的情況下，賣方宜採CIF貿易條件，買方宜採FOB貿易條件。

　　在三角貿易下，貿易條件之選用宜以CFR條件買進，CIF條件賣出，即運費由出口商預付，保險由中間商購買最為理想。

重點練習

( ) 1. 依Incoterms 2010之規定,下列何者適用於複合運輸方式? (1)FOB (2)FCA (3)CFR (4)FAS。

( ) 2. 如信用狀要求的運送單據為航空運送單據,則適用下列何種貿易條件? (1)CIF (2)FCA (3)FAS (4)FOB。

( ) 3. 依Incoterms 2010之規定,下列何種貿易條件只適合純船運? (1)CIF (2)CIP (3)CPT (4)FCA。

( ) 4. 下列何者不是解釋貿易條件的國際慣例? (1)UCP 600 (2)Incoterms 2010 (3)American Definition (4)Warsaw Oxford Rules。

( ) 5. Incoterms 2010共解釋幾種貿易條件? (1)二大類11種 (2)三大類12種 (3)四大類13種 (4)五大類14種。

( ) 6. Warsaw-Oxford Rules只解釋下列哪一種貿易條件? (1)FOB (2)CIF (3)CFR (4)C&I。

( ) 7. Incoterms 2010是由 (1)聯合國 (2)國際法學會 (3)美國商會 (4)國際商會 所制定。

( ) 8. 依Incoterms 2010之規定,下列何種貿易條件須由賣方負責洽訂運輸契約? (1)FOB (2)EXW (3)FCA (4)CFR。

( ) 9. 美國對外貿易定義將FOB之解釋分為 (1)4種 (2)5種 (3)6種 (4)7種。

( ) 10. 依Incoterms 2010之規定,CIP條件下,貨物風險於何時移轉給買方? (1)出口地貨物交給第一運送人時 (2)貨裝上運輸工具時 (3)到達目的港卸貨時 (4)在目的地交貨時。

( ) 11. 依Incoterms 2010之規定,每一貿易條件下,買賣雙方的義務統一分為 (1)8項 (2)10項 (3)12項 (4)15項。

( ) 12. 下列何者不是Incoterms 2010所規定買方的共同義務? (1)支付價金 (2)交貨 (3)受領貨物 (4)檢驗貨物。

( ) 13. 依Incoterms 2010之規定,下列何種貿易條件買方的責任最重? (1)EXW

(2)FOB (3)DAT (4)DDP。

( ) 14. FOB&C貿易條件中的「C」代表 (1)Cost (2)Cleared (3)Commission (4)Customs。

( ) 15. 在C&I貿易條件下，下列何者正確？ (1)賣方負責洽船 (2)賣方負責投保 (3)買方負責投保 (4)賣方報價中包含運費在內。

( ) 16. 依Incoterms 2010之規定，下列何者不是在目的地交貨之貿易條件？ (1)FAS (2)DAP (3)DAT (4)DDP。

( ) 17. 依Incoterms 2010之規定，下列何種貿易條件須附加起運港的名稱？ (1)FOB (2)CFR (3)CIF (4)C&I。

( ) 18. 依Incoterms 2010之規定，下列何種貿易條件保險費應由賣方負擔？ (1)EXW (2)FOB (3)CFR (4)CIF。

( ) 19. 買方以信用狀付款時，開狀前即應先投保貨物運輸保險之貿易條件？ (1)FCA (2)CIF (3)CIP (4)DDP。

( ) 20. 依Incoterms 2010之規定，下列何種貿易條件的貨物運輸保險由買方負責？ (1)CIP (2)CIF (3)FOB (4)DDP。

( ) 21. 依Incoterms 2010之規定，以FOB條件成交時，賣方發出貨物裝運通知之主要用意是讓買方 (1)及時辦理貨物運輸保險手續 (2)及時開出信用狀 (3)及時辦理進口報關 (4)及時洽訂艙位。

( ) 22. 依Incoterms 2010之規定，貨物運輸過程中的風險完全由賣方承擔的貿易條件是 (1)EXW (2)FAS (3)CIP (4)DAP。

( ) 23. 下列何種條件為Incoterms 2010未規範之11種貿易條件？ (1)CPT (2)DES (3)DDP (4)DAP。

( ) 24. 依Incoterms 2010之規定，以裝運地品質為準之貿易條件較不適用下列哪一項？ (1)CIF (2)FAS (3)DAP (4)FOB。

( ) 25. 依Incoterms 2010之規定，採DAP貿易條件交易時，賣方不負擔下列哪一項費用？ (1)輸出通關費 (2)輸出稅捐 (3)輸入稅捐 (4)保險費用。

( ) 26. 依Incoterms 2010之規定，下列何種貿易條件的風險移轉點非裝運港裝載於

船舶上？ (1)CIP (2)CIF (3)FOB (4)CFR。

( ) 27. 依Incoterms 2010之規定，下列何種貿易條件的進口通關費用由賣方負擔？ (1)CIP (2)EXW (3)FOB (4)DDP。

( ) 28. 下列何者非CIF下，賣方應負之責任？ (1)提供運費已付之運送單據 (2)提供商業發票 (3)提供保險單據 (4)負擔貨物運送風險。

( ) 29. 依Incoterms 2010之規定，CIP之風險分界點與下列何者相同？ (1)FOB (2)FCA (3)DDP (4)EXW。

( ) 30. 依Incoterms 2010之規定，CIF賣方風險之轉移分界點為何？ (1)貨物送至裝運港裝載於船舶上為止 (2)貨物送至卸貨港為止 (3)貨物送至買方指定地點 (4)由買賣雙方依實際狀況洽談。

( ) 31. 依Incoterms 2010之規定，在EXW條件下，賣方需不需要負責把貨物裝上買方所提供之運輸工具？ (1)需要 (2)不需要 (3)不確定 (4)由賣方決定。

( ) 32. 若賣方無法取得輸出貨物之輸入許可證，則不宜使用下列何種貿易條件？ (1)FAS (2)FOB (3)DAT (4)DDP。

( ) 33. 以下何者為Incoterms 2010所有貿易條件下，買方的共同義務？ (1)負擔運輸風險 (2)取得輸入許可證 (3)向賣方發出裝貨通知 (4)依約支付價金。

( ) 34. 下列貿易條件中，何者的風險移轉地點與FOB相同？ (1)FAS (2)CIF (3)FCA (4)DDP。

( ) 35. FOB與CIF之差異為何？ (1)風險移轉點不同 (2)品質的決定時點不同 (3)數量的決定時點不同 (4)出口報價的成本構成不同。

( ) 36. 依Incoterms 2010之規定，FOB、CFR和CIF三種貿易條件不同之處為 (1)風險移轉點 (2)賣方負擔的費用 (3)運輸方式 (4)交貨地點。

( ) 37. 臺灣甲乙兩廠出口商各以FOB Keelung以及CIF Bangkok報價，請問下列何者正確？ (1)基隆和曼谷均為輸出港 (2)基隆為輸出港、曼谷為目的港 (3)基隆為目的港、曼谷為輸出港 (4)基隆和曼谷均為目的港。

( ) 38. 信用狀中以FOB為貿易條件，但又規定船運由賣方安排，則運輸途中所發

生的損失應由何方負擔？ (1)買方 (2)賣方 (3)船公司 (4)保險公司。

( ) 39. 依Incoterms 2010之規定，下列貿易條件之敘述，何者不正確？ (1)FAS指定裝運港 (2)FOB指定目的港 (3)CFR指定目的港 (4)DAP指定目的地。

( ) 40. 臺灣出口商擬向國外客戶報價時，試問下列有關貿易條件敘述，何者錯誤？ (1)CFR Keelung (2)DAT Bangkok (3)CIF Durban (4)FCA CKS Airport。

( ) 41. 適用於空運或陸運方式的貿易條件為 (1)FAS (2)FCA (3)FOB (4)CFR。

( ) 42. 油價上漲運費提高時，賣方應採取下列哪一項貿易條件較好？ (1)FOB (2)CFR (3)CIF (4)DDP。

( ) 43. 在CIF貿易條件下，發生海上保險事故貨物全損時，則進口商要向誰提出索賠？ (1)出口商 (2)保險公司 (3)運輸公司 (4)保險經紀人。

( ) 44. 貿易條件是FOB時，信用狀受益人所提示的押匯文件不需要下列哪一項單證？ (1)商業發票 (2)提單 (3)保險單 (4)匯票。

( ) 45. 臺中某出口商出口貨物一批給Chicago的買方，裝運港為基隆港，貿易條件CIF New York，則貨物的危險在何處移轉給買方？ (1)臺中 (2)基隆港 (3)Chicago (4)New York。

( ) 46. 貿易條件為CIF時，賣方須負責訂定運送契約，但裝運或發貨後貨品毀損之風險，應為下列何者承擔？ (1)賣方 (2)買方 (3)押匯銀行 (4)通知銀行。

( ) 47. 依Incoterms 2010之規定，CIF貿易條件下，賣方於何時完成交貨？ (1)貨物運至指定目的港，由買方提貨時 (2)貨物在裝運港裝載於船舶上時 (3)貨物交付買方所指定之運送人時 (4)貨物運至指定目的港的碼頭時。

( ) 48. 依Incoterms 2010之規定，賣方需支付將貨物運至指定目的地所需的運送費用，另外亦須替買方購買保險之貿易條件為下列何者？ (1)CPT (2)CIF (3)CIP (4)CFR。

( ) 49. 依Incoterms 2010之規定，若依照FOB貿易條件以貨櫃運輸方式交貨，則下列敘述，何者正確？ (1)貨物在指定裝船港越過船舷時起，由賣方承擔貨

物滅失或毀損之一切風險　(2)貨物在貨櫃集散站進行交貨，以便拖往碼頭裝船，此時貨物滅失或毀損之風險即由賣方移轉予買方　(3)貨物由貨櫃集散站運送至碼頭之運費，由買方負擔　(4)貨物在由貨櫃集散站至裝載於船舶前之風險，由賣方承擔。

(　) 50. 我出口商由基隆出口一批家具至香港，下列何者為正確的貿易條件？(1)FOB香港　(2)FOB基隆　(3)DAT基隆　(4)CIF基隆。

(　) 51. 依Incoterms 2010之規定，下列何種貿易條件賣方須將提貨單（D/O）交給買方？　(1)EXW　(2)FAS　(3)CIF　(4)DAP。

(　) 52. 我國海關對貨物進出口值的統計，係根據何種貿易條件？　(1)出口FOB；進口FOB　(2)出口CIF；進口CIF　(3)出口FOB；進口CIF　(4)出口CIF；進口FOB。

(　) 53. 非定型貿易條件In Bond係指　(1)出口地保稅倉庫交貨　(2)進口地保稅倉庫交貨　(3)進口地稅訖交貨　(4)出口加工區交貨。

(　) 54. 依Incoterms 2010之規定，下列何種貿易條件由買方負責出口報關？(1)CIF　(2)FAS　(3)EXW　(4)DDP。

(　) 55. 依Incoterms 2010之規定，FAS貿易條件之出口通關手續係由下列何者辦理？　(1)買方　(2)賣方　(3)雙方指定　(4)船方。

(　) 56. 下列何種貿易條件其風險移轉點相同？　(1)CIP，CIF　(2)FOB，FAS　(3)CPT，FCA　(4)DAT，DAP。

(　) 57. 下列何者不是有關貿易條件之國際慣例？　(1)國貿條規　(2)美國對外貿易定義　(3)信用狀統一慣例　(4)華沙牛津規則。

(　) 58. 定義FOB、CIF等不同貿易條件下，買賣雙方的義務之國際慣例是(1)Incoterms 2010　(2)UCP 600　(3)URC 522　(4)ISP 98。

(　) 59. 信用狀條款中註明「Insurance to be covered by the Buyer」時，應為下列哪一種貿易條件？　(1)CIF　(2)CFR　(3)DAT　(4)DDP。

(　) 60. 下列貿易條件之表示，何者錯誤？　(1)FAS：Free Alongside Ship(2)FCA：Free Carriage　(3)CPT：Carriage Paid to　(4)DAP：Delivered At Place。

( ) 61. 下列何者不在CIF出口報價計算之內？ (1)報關費 (2)保險費 (3)海運費 (4)進口稅。

( ) 62. 下列何者不在FOB出口報價計算之內？ (1)預期利潤 (2)包裝費 (3)海運費 (4)銀行手續費。

( ) 63. 訂定國際貿易慣例、規則及公約的最主要目的是 (1)改善各國的關係 (2)便於在交易時居於有利的地位 (3)使交易條件標準化以減少糾紛 (4)增加外匯收入。

( ) 64. 一般情況下，從事三角貿易以何種貿易條件買進最為理想？ (1)CIF條件 (2)CFR條件 (3)FOB條件 (4)DDP條件。

( ) 65. 貿易條件之功用不包含 (1)確定價格的構成 (2)確定雙方的權利義務關係 (3)確定應使用的付款方式 (4)確定交貨品質、數量的認定之時點。

( ) 66. 依Incoterms 2010之規定，貿易條件之內涵不包括 (1)風險之移轉 (2)費用之負擔 (3)單據之提供 (4)價格之計算。

( ) 67. 由買賣雙方所約定的貿易條件即可判斷該筆交易的 (1)付款時間 (2)品質決定方式 (3)交貨時間 (4)交貨地點。

( ) 68. Incoterms 2010解釋之貿易條件價格結構上，下列何者錯誤？ (1)CFR = FOB＋運費 (2)FOB－裝船費 = FAS (3)DAP＋進口通關費及相關一切稅費 = DDP (4)CPT－保費 = CIP。

( ) 69. 依Incoterms 2010之規定，有關a.EXW；b.FAS；c.FOB；d.CFR；e.CIF；f.FCA；g.CPT；h.CIP；i.DAT；j.DAP；k.DDP之敘述，下列何者正確？ (1)賣方責任最少為k (2)買方責任最少為a (3)賣方負擔主運送費用，也負擔主運送風險為ijk (4)賣方不負擔主運送費用為bcef。

( ) 70. 若賣方對進口報關手續沒有把握，不宜採用下列哪種貿易條件？ (1)DDP (2)FAS (3)CIF (4)EXW。

( ) 71. 在大宗貨物交易時，賣方以FOBFI條件報價，係表示 (1)船方負擔裝貨費用 (2)賣方負擔裝貨費用 (3)買方負擔裝貨費用 (4)買賣雙方平均負擔裝貨費用。

( ) 72. 依據Incoterms 2010之規定，Carriage and Insurance Paid to New York，

其New York係指下列何者？　(1)Port of Loading　(2)Port of Discharge
(3)Place of Destination　(4)Place of Receipt。

(　　) 73. Incoterms 2010以下列何種貿易條件取代DAF、DES、DEQ與DDU？
(1)DAP、DAT　(2)DAT、DDP　(3)FAS、DDP　(4)CIF、DAP。

(　　) 74. 依Incoterms 2010之規定，下列何者為完全可適用於多種運送方式之貿易條
件？　(1)DAP、DAT　(2)DAT、FAS　(3)FOB、DDP　(4)CIF、DAP。

(　　) 75. 依Incoterms 2010之規定，下列何種貿易條件賣方須負擔貨物至目的港的運
費？　(1)FOB　(2)FAS　(3)FCA　(4)CFR。

第七章

解答：

1.	2.	3.	4.	5.	6.	7.	8.	9.	10.
(2)	(2)	(1)	(1)	(1)	(2)	(4)	(4)	(3)	(1)
11.	12.	13.	14.	15.	16.	17.	18.	19.	20.
(2)	(2)	(1)	(3)	(2)	(1)	(1)	(4)	(1)	(3)
21.	22.	23.	24.	25.	26.	27.	28.	29.	30.
(1)	(4)	(2)	(3)	(3)	(1)	(4)	(4)	(2)	(1)
31.	32.	33.	34.	35.	36.	37.	38.	39.	40.
(2)	(4)	(4)	(2)	(4)	(2)	(2)	(1)	(2)	(1)
41.	42.	43.	44.	45.	46.	47.	48.	49.	50.
(2)	(1)	(2)	(3)	(2)	(2)	(2)	(3)	(4)	(2)
51.	52.	53.	54.	55.	56.	57.	58.	59.	60.
(4)	(3)	(2)	(3)	(2)	(3)	(3)	(1)	(2)	(2)
61.	62.	63.	64.	65.	66.	67.	68.	69.	70.
(4)	(3)	(3)	(2)	(3)	(4)	(4)	(4)	(3)	(1)
71.	72.	73.	74.	75.					
(3)	(3)	(1)	(1)	(4)					

8
信用狀

第一節　信用狀的特性

一、獨立性

信用狀與買賣契約或其他契約互相獨立，係分立之交易行為。銀行與該等契約無關，亦不受該等契約之拘束，縱該信用狀內含有參照該等契約之任何註記者，亦然。

二、單據交易性

在信用狀交易中，有關各方的處理者係單據，而非與該等單據有關之貨物、勞務或其他履約行為。

三、文義性

1. 銀行審查單據，應就單據表面所示著眼，而不深究單據之實質。
2. 銀行需以相當之注意審查信用狀所規定之一切單據，藉以確定該等單據就表面所示與信用狀條款相符合，各單據間表面顯示彼此牴觸者，視為表面所示與信用狀之條款不符。

第二節　信用狀關係人

一、開狀申請人（Applicant）

向開狀銀行申請簽發信用狀的人，通常為進口商。

二、受益人（Beneficiary）

開狀銀行保證支付貨款的人，通常為出口商。

三、開狀銀行（Issuing Bank；Opening Bank）

詢開狀申請人之指示，開發信用狀的銀行。在信用狀交易中，開狀銀行負最終付款的義務。

四、通知銀行（Advising Bank）

接受開狀銀行委託將信用狀通知受益人。

五、保兌銀行（Confirming Bank）

接受開狀銀行委託或授權，保證兌付信用狀的銀行，其義務與開狀銀行完全相同。

六、讓購銀行（Negotiating Bank）

又稱押匯銀行。為受益人之往來銀行，接受受益人的請求，讓購或貼現受益人憑信用狀所簽發匯票的銀行，通常為匯票受款人（Payee）。有時通知銀行、保兌銀行、押匯銀行為同一家銀行。

七、再押匯銀行（Re-Negotiating Bank）

限押信用狀下，該限押銀行並非受益人之往來銀行時，若受益人欲前往其往來銀行辦理押匯，則該往來銀行（押匯銀行）必須至限押銀行辦理再押匯（或稱轉押匯）事宜，此時該限押銀行稱之為再押匯銀行。

八、付款銀行（Paying Bank）

依信用狀規定，擔任付款的銀行。在須簽發匯票之情況下，又稱為Drawee Bank。

付款銀行通常爲開狀銀行，或開狀銀行所委託之另一銀行。

九、承兌銀行（Accepting Bank）

依信用狀規定，在遠期匯票上承兌，到期日當如數付清票款之銀行。

十、補償銀行（Reimbursing Bank）

接受開狀銀行委託或授權，在所約定之額度內，償付「求償銀行」所代付之款項。補償銀行無須審單，只依開狀銀行之委託，在規定時間內將約定款項償付給求償銀行。

十一、求償銀行（Claiming Bank）

依信用狀規定，對信用狀項下之匯票及／或單據爲之付款、承兌、讓購或買斷後，即有權向開狀銀行或開狀銀行所委託之補償銀行，請求償付其所代付款項之銀行。

十二、第二受益人（Second Beneficiary）

可轉讓信用狀之下，接受轉讓信用狀者，又稱受讓人（Transferee）。

第三節　信用狀的作業規則

一、信用狀統一慣例（UCP 600）

由國際商會（ICC）所制定之跟單信用狀統一慣例（Uniform Customs and Practice for Commercial Documentary Credit; UCP），乃爲統一國際間信用狀的處理方法、習慣、文字解釋及各當事人之權利義務的規定。目前國際間所有採用信用狀付款方式之作業，多數依UCP之規定辦理，國際商會亦迎合實務之需要，多次修正，最新版的UCP 600於2007年7月1日正式實施，共計39條條文。

二、電子信用狀統一慣例（eUCP1.1）

隨著網際網路的發展，電子商務也快速興起，而在國際貿易中普遍被使用的信用狀交易方式，也產生電子提示的需要，國際商會以UCP 600爲據，另以補篇〔正式名稱爲：信用狀統一慣例補篇：電子提示（eUCP1.1）〕因應，於2007年7月1日正式實施，

共計12條條文。

eUCP之訂定，係為補充UCP條款有關電子單據單獨提示或併同書面單據提示之效力。其與UCP之關係為：當信用狀適用eUCP條款時，亦同時適用UCP，即eUCP無法單獨適用。但如同時適用UCP與eUCP卻相互矛盾時，優先適用eUCP之規定。

三、國際間標準銀行實務（ISBP）

由於各國銀行的審單標準不一、或各國貿易實務及習慣的不同，常引起誤會及糾紛、甚至訴訟。有鑑於此，國際商會於是制定了信用狀審單標準的國際間標準銀行實務（International Standard Banking Practice; ISBP），以期能有效減少瑕疵單據及促使貿易流程更為順利。

目前最新版本在2013年6月正式實施，共計298條條文，因其為UCP之實務補充而非修改UCP之規定，故無法單獨適用；如與UCP相互矛盾時，則優先適用UCP之規定。

四、國際擔保函慣例（ISP98）

近年來國際擔保函在國際交易上之使用與重要性，已凌駕傳統信用狀之上，其流通金額更遠超過商業信用狀流通金額，乃因於利用擔保信用狀從事國際貿易操作之便利性及作業成本較低，故以擔保信用狀取代傳統商業跟單信用狀，來確保買賣契約項下款項之支付者日漸增加，並減少傳統信用狀之使用。過去，擔保信用狀和商業信用狀一樣，適用跟單信用狀統一慣例（UCP），惟實務上，擔保信用狀在適用UCP上常引發一些問題或糾紛，故國際商會爰與「國際銀行法律與實務學會」著手制定專為擔保信用狀使用之新規則，該會於1998年初擬訂「國際擔保函慣例」（The International Standby Practices；ISP98），並自1999年1月1日起正式生效。

第四節　信用狀的種類

一、依可否撤銷區分

(一)不可撤銷信用狀（Irrevocable L/C）

信用狀一經簽發並通知受益人後，非經開狀銀行、保兌銀行，如有者，及受益人之同意，不得修改或取消。UCP 600第2條：信用狀無論其名稱或措詞為何，皆為不可撤銷信用狀。UCP 600第3條：信用狀係不可撤銷，即使未表明該旨趣。故UCP 600所規範

的皆屬不可撤銷信用狀。

(二)可撤銷信用狀（Revocable L/C）

開狀銀行開出信用狀後，可隨時修改或取消信用狀，而不須預先通知受益人。

二、依有無保兌區分

(一)保兌信用狀（Confirmed L/C）

信用狀經開狀銀行以外之其他銀行，附加確約保證接受該信用狀項下之單據及／或匯票，並為之付款、承兌或讓購者。適用於開狀銀行信用不佳、開狀銀行所在地政局不穩或外匯短缺。

(二)無保兌信用狀（Unconfirmed L/C）

未經開狀銀行以外之其他銀行附加承諾兌付約定之信用狀。

三、依可否轉讓區分

(一)可轉讓信用狀（Transferable L/C）

受益人可將信用狀金額全部或部分轉予一個或多個其他受益人使用之信用狀。信用狀上須明載有Transferable（可轉讓）字樣者，信用狀才可轉讓。

(二)不可轉讓信用狀（Non-Transferable L/C）

除受益人外，其他人不得使用之信用狀。

四、依兌付期限區分

(一)即期信用狀（Sight L/C）

受益人開發即期匯票或交單時，即可兌得款項之信用狀。

(二)遠期信用狀（Usance L/C）

受益人開發遠期匯票，必須先經付款人承兌，至匯票到期時才兌得款項之信用狀。遠期信用狀有關貼現息之負擔，由買方負擔者，稱為買方遠期信用狀（Buyer's Usance L/C）；由賣方負擔者，稱為賣方遠期信用狀（Seller's Usance L/C）。若信用狀上未載明貼現息由何方負擔時，實務上均視為由賣方負擔。

1. 買方遠期信用狀（Buyer's Usance L/C）

在買方遠期信用狀下，受益人可立即拿到款項，進口商則晚付款，由開狀銀行先行替進口商支付貨款，故係開狀銀行予進口商之融資。

2. 賣方遠期信用狀（Seller's Usance L/C）

在賣方遠期信用狀下，受益人晚收取貨款，進口商亦晚付款，故係出口商予進口商之融資。

(三)延期付款信用狀（Deferred Payment L/C）

受益人不須簽發匯票，只須憑貨運單據向指定銀行提示，俟到期日才拿到款項之信用狀。因無匯票，故出口商無法憑匯票至貼現市場貼現。

五、依有無限定兌付銀行區分

(一)讓購信用狀（Negotiation L/C）

受益人將匯票及單據向付款銀行以外之銀行請求讓購，依有無限定押匯銀行可分為：

1. 未限押信用狀（Unrestricted L/C）

又稱自由讓購信用狀、一般信用狀。即開狀銀行未限定押匯銀行，受益人可自行選擇。信用狀常見條文如下：

This credit is available with any bank by negotiation.

2. 限押信用狀（Restricted L/C）

又稱特別信用狀。開狀銀行限定押匯銀行，即受益人必須向限定的押匯銀行辦理押匯手續，或仍向其往來銀行辦理押匯，但須再以轉押匯方式辦理（即往來銀行再向限押銀行辦理轉押匯）。信用狀常見條文如下：

This credit is available with advising bank by negotiation.

(二)直接信用狀（Straight L/C）

受益人必須將有關匯票及／或單據，直接持往開狀銀行或指定銀行請求付款或承兌。此信用狀下，開狀銀行只對受益人負責，對匯票背書人（Endorser）或善意執票人（Bona Fide Holder）未作保證兌付之責任。信用狀常見條文如下：

This credit is available with advising bank by payment.

讓購信用狀與直接信用狀之差別，在於讓購信用狀爲銀行墊款的性質，押匯銀行如無法從開狀銀行獲得所墊款項，則可向受益人追回；直接信用狀爲付款的性質，指定銀行一旦付款後，即爲終局性，無法再因任何理由向受益人追回款項。

六、擔保信用狀（Stand-by L/C）

1. 又稱保證信用狀或備用信用狀。非以清償貨款爲目的，而以擔保債務清償、契約履行或投標保證爲目的之信用狀。
2. 適用「國際擔保函慣例」ISP98（1999年1月1日正式實施）之規定。
3. 適用於貸款保證、履約保證、投標保證等。

七、背對背信用狀（Back to Back L/C）

1. 又稱轉開信用狀、本地信用狀。原受益人以國外開來之原信用狀（Original L/C）或主信用狀（Master L/C）作爲擔保，要求往來銀行另簽發一張以他人爲受益人之第二信用狀或次要信用狀（Secondary L/C）稱之。
2. 一般適用於三角貿易之場合，中間商不願讓買主及供應商直接交易，或爲避免商機外洩時採用。
3. 主要信用狀與次要信用狀之差異：

	主要信用狀（Master L/C）	次要信用狀（Secondary L/C）
開狀銀行	進口地銀行	出口地銀行
申請人	進口商	出口商
受益人	出口商	供應商
信用狀金額	較大	較小
有效期限	較長	較短

八、循環信用狀（Revolving L/C）

1. 又稱回復信用狀。係受益人在某一定期間內及某一定額度內，其信用狀可循環回復使用。
2. 通常適用於進口商對同一出口商之相同產品重複訂貨時，如此可免除進口商因不斷請求開狀銀行開狀，而浪費的時間與金錢。

九、SWIFT（Society for Worldwide Interbank Financial Telecommunication；環球銀行間財務通信系統）

1. SWIFT為一國際性非營利法人組織，總部設於比利時首都布魯塞爾，在美國與荷蘭分別設有國際作業中心（Operation Center）。組織宗旨在使全球各國的銀行及金融機構得透過標準化電文格式從事資金調撥及清算、收發信用狀、交易確認和對帳及傳遞訊息等資訊，可加速及簡化國際銀行、金融機構匯款服務作業，提升處理效率，降低通訊成本。

2. SWIFT信用狀之特色為：

   (1)自動核對密碼。

   (2)以數字引導信用狀內容。

   (3)開狀銀行確切保證字眼之省略。

UCP 600第1條中有關統一慣例之適用指出：UCP 600係為一套規則（rules），信用狀本文必須明示其適用信用狀統一慣例規範之規定。SWIFT Standards為配合UCP 600，將原自動適用UCP之規定刪除，而於電文中增加40E欄位用以填列適用之規則。

十、電傳信用狀（Teletransmission L/C）

以電傳開發信用狀，包含Cable、Telex、Telegram及SWIFT等，有兩種方式：

(一)簡電（Brief Cable）

開狀銀行只將信用狀主要內容以電傳方式通知，為預告性質，並非生效信用狀，故出口商無法憑以辦理押匯。通常開狀銀行事後都會再寄上郵遞證實書（Mail Confirmation），兩者一起才為生效信用狀。

(二)詳電（Full Cable）

開狀銀行將信用狀全部內容以電傳方式通知，視為生效信用狀，故出口商可憑以辦理押匯。

第五節　信用狀實務

一、信用狀開發

(一)申請開發文件

1. 開發信用狀申請書及約定書。
2. 輸入許可證（免輸入許可證貨品則免附）或交易憑證（如Proforma Invoice或Purchase Order）。
3. 保險單據及保費收據副本（信用狀規定由國外出口商投保者免附）。

(二)填具開狀申請書要領

1. 必要事項記載清楚。
2. 符合買賣契約及政府法令。
3. 不宜將買賣契約內容全部詳載於信用狀上。

二、信用狀的通知

(一)信用狀的通知途徑

1. 開狀銀行直接寄給受益人。
2. 開狀銀行交由開狀申請人轉交受益人。
3. 開狀銀行透過受益人所在地之往來銀行（Correspondent Bank），即所謂通知銀行轉交受益人。

受益人直接從開狀申請人或開狀銀行取得信用狀，因無法確認信用狀真偽，在實務上並不多見，故以第三種方式最常見，因有通知銀行之審核該信用狀真偽，所以對受益人最有保障。

(二)通知銀行責任

1. 依UCP 600第9條規定，通知銀行除確認信用狀之外觀真實性，且其通知應正確反應所收到之信用狀（Satisfied Itself）。
2. 信用狀經通知銀行核驗無誤後，使用時才發現為偽造時，通知銀行在無故意或過失之前提下，無須承擔法律責任。

(三)通知銀行審查方式

1. 郵遞信用狀（Mail L/C）
核對開狀銀行之簽署。

2. 電傳信用狀（Teletransmission L/C）
核對開狀銀行之押碼（Test Key）。

3. SWIFT信用狀
已具自動核押功能。

(四)通知銀行通知期限
未規定期限。

三、信用狀修改

在信用狀交易下，或因開狀申請人誤填開狀申請書內容，致信用狀條款與買賣契約內容不符，或因買賣雙方同意更改原約定之買賣條件，或出口商未能於信用狀規定之裝運期限內裝運，經雙方同意展延信用狀之裝運期限及有效期限等原因，致須修改信用狀。

(一)修改申請
由進口商主動或應出口商之請求。

(二)修改單位
開狀銀行。

(三)修改內容
如涉及兩個以上條款之修改，受益人必須全部接受或全部拒絕。

(四)接受或拒絕修改書
受益人應知會通知銀行。

(五)修改次數
無限制。

(六)修改方式

可以郵遞、電報、SWIFT方式修改，其中以SWIFT較常見。

四、信用狀轉讓

依UCP 600第38條之規定：

1. 可轉讓信用狀（Transferable Credit）為信用狀上特別載明「可轉讓」（Transferable）之信用狀；受讓信用狀（Transferred Credit）為經轉讓銀行辦理可由第二受益人使用之信用狀。

2. 轉讓費用由第一受益人負擔。

3. 轉讓次數以一次為限。

4. 如允許部分動支或裝運，信用狀得部分轉讓給一個以上之第二受益人，第二受益人則不得再轉讓給任何受益人，但可再轉回予第一受益人。

5. 受讓信用狀必須準確反應信用狀條款（包含保兌），即可轉讓信用狀有保兌時，保兌銀行對可轉讓信用狀之保兌責任必須延伸至受讓信用狀。

6. 可變更之轉讓項目：

   (1)信用狀金額、所載之任何單價可以減少。

   (2)有效期限、最遲裝運日、提示單據期限可以縮短。

   (3)保額加投比率可以增加。

7. 第二受益人之單據提示，必須向轉讓銀行為之。

五、信用狀相關期限

(一)裝船期限

實務上以提單日（B/L Date）為裝船日，提單日可早於開狀日。UCP 600第3條有關裝船期間之規定為：

1. 如信用狀規定Immediately shipment，銀行將不予理會。

2. 如信用狀規定Shipment during the first (second) half of June，則解釋為6月上（下）半月裝運。上半月指該月第1日至第15日，下半月則為該月第16日至月末日，並均含起訖日期在內。

3. 如信用狀規定Shipment in the beginning (middle、end) of June，則解釋為6月上（中、下）旬裝運。上旬指該月第1日至第10日，中旬指該月第11日至第20日，下旬指該月第21日至月末日，並均含起訖日期在內。

4. 如信用狀規定Shipment on or about June 20，則解釋為該特定日期之前五個曆日迄該特定日期後五個曆日裝運，並含首尾日，即6月15日至6月25日之期間內完成裝運

5. 如信用狀規定Shipment from August 10 to August 25，則解釋為從8月10日至8月25日間裝運；"to"、"from"用於裝運期間時包含所提及之日期。

(二)提示單據有效期限

提示單據有效期限必須同時符合：

1. 運送單據簽發日後特定期間內。

2. 信用狀有效期限內。

如信用狀無運送單據簽發日後特定期間規定時，則以運送單據簽發日後二十一曆日內提示，且亦不得遲於信用狀之有效期限（UCP 600第14條c項）。

(三)各期限末日之順延

依UCP 600第29條規定，有效期限或提示之末日，適逢應向其提示之銀行因第36條以外之理由而休業時，則該有效期限或提示之末日，將順延至銀行次一營業日，但最後裝船日不因此而順延。UCP 600第36條規定，銀行因不可抗力導致營業中斷而生之後果不負義務或責任。所謂不可抗力乃指天災、暴動、內亂、戰爭、恐怖活動或因罷工或因營業場所封閉，或任何其他非銀行所能控制之事由。

(四)到期日

依UCP 600第3條之規定，自 "from"、之後 "after" 用於確定到期日時，將不包括所提及之日期。例如：30 days after B/L date（提單日後30天付款）或30 days from B/L date（自提單日起30天付款），若提單日為7月1日時，上述兩種情形的到期日皆為7月31日。

(五)銀行審單時間

依UCP 600第14條之規定，應自提示日之次日起，最長五個銀行營業日必須決定，否則視為接受。

六、信用狀有關數量、單價及金額之規定

(一)數量、單價及金額可增減10%

數量、單價及金額前加有概數，如about、approximately時，數量、單價及金額可

增減10%。

(二)數量增減5%

必須同時符合下述三條件時，數量可增減5%：

1. 信用狀對貨物數量未禁止增減；

2. 貨物數量非以個數、包裝件數計算；

3. 動用之金額不可超過信用狀金額。

(三)數量不得增減

信用狀上明文規定不可增減，或貨物數量以個數、包裝件數計算時，數量不得增減。

七、信用狀有關提示單據正副本的規定

依UCP 600第17條之規定：

1. 信用狀規定每一種單據至少須提示一份正本。

2. 信用狀要求提示單據副本，則提示正本或副本皆被允許。

3. 信用狀如使用"in duplicate"（一式兩份）、"in two folds"（兩份）、"in two copies"（兩份）等複式單據時，則提示一份正本及其餘份數為副本者即可。

4. 單據份數之表示：

一份	original	1 fold	1 copy
二份	duplicate	2 folds	2 copies
三份	triplicate	3 folds	3 copies
四份	quadruplicate	4 folds	4 copies
五份	quintuplicate	5 folds	5 copies
六份	sextuplicate	6 folds	6 copies
七份	septuplicate	7 folds	7 copies

重 點 練 習

(　) 1. 信用狀正本送達賣方之途徑，下列哪一種方式最常見？　(1)開狀銀行直接寄給賣方　(2)開狀申請人轉交　(3)通知銀行轉交　(4)透過求償銀行轉交。

(　) 2. 可轉讓信用狀，其轉讓之次數最多以幾次為限？　(1)1次　(2)2次　(3)3次　(4)4次。

(　) 3. 信用狀中「可轉讓」一詞，依據UCP 600規定僅限使用　(1)Transmissible　(2)Transferable　(3)Divisible　(4)Fractionable。

(　) 4. 限押信用狀之下的部分轉讓，通常以下列何者為辦理分割轉讓之銀行？　(1)開狀銀行　(2)押匯銀行　(3)保兌銀行　(4)付款銀行。

(　) 5. 依據UCP 600之規定，信用狀不得變更何種條件轉讓？　(1)裝船期限　(2)押匯期限　(3)貨物數量　(4)交易金額。

(　) 6. 通知銀行對下列何種信用狀，因已具有自動核押功能而不需另作複核作業？　(1)Telex　(2)SWIFT　(3)Air-Mall　(4)Cable。

(　) 7. 依據UCP 600之規定，信用狀有效期限因颱風銀行停止營業，其有效期限　(1)可順延一日　(2)可順延至次一營業日　(3)可順延兩日　(4)不可順延。

(　) 8. 依UCP 600之規定，信用狀的最後裝運日期是9月11日，有效日期是10月1日，但因於9月11日發生罷工暴動影響貨物的裝運，請求延期是否可行？　(1)可延期裝運，有效期順延　(2)不可延期裝運，但有效期可順延　(3)可延期，有效期不能順延　(4)不可延期裝運，有效期亦不可順延。

(　) 9. 信用狀載明最後裝運期限若為6月6日（四）適逢端午節，6月7日（五）彈性放假，則依UCP 600之規定，出口商所提示運送單據之裝運日不得遲於下列哪一個日期？　(1)6月5日　(2)6月6日　(3)6月7日　(4)6月10日。

(　) 10. 若L/C規定有效期限為4月28日，最後裝船日為4月20日，且規定必須於運送單據發行後八天內辦理押匯，而提單裝船日期為3月31日，請問提示單據辦理押匯之有效期限為何？　(1)4月5日　(2)4月8日　(3)4月20日　(4)4月28日。

(　) 11. 某進口商申請開發60 days Seller's Usance & 120 days Buyer's Usance信用狀，

下列敘述，何者正確？　(1)買方負擔60天利息；到期由買方償還本金　(2)賣方負擔60天利息；到期由買方償還本金　(3)買方負擔120天利息；到期由賣方償還本金　(4)賣方負擔120天利息；到期由賣方償還本金。

(　　) 12. 有關SWIFT信用狀的敘述，下列何者錯誤？　(1)有一定的格式代號引導　(2)可構成有效的正本信用狀　(3)SWIFT發出的信用狀可自動核對密碼，可辨別真偽　(4)SWIFT L/C內文應載明開狀銀行的確切保證文字。

(　　) 13. 信用狀之押匯銀行接到瑕疵單據，下列何者不是適當之處理方式？　(1)修改單據　(2)電報押匯　(3)改為託收　(4)無權過問逕行付款。

(　　) 14. 下列有關買方填寫信用狀開狀申請書之要領，何者不適宜？　(1)要符合政府法令　(2)符合買賣契約條件　(3)將契約內容全部詳載於信用狀　(4)將必要事項記載清楚。

(　　) 15. 用電報（Cable）開發的信用狀，通知銀行如何判斷它的真假？　(1)向賣方求證　(2)核對簽名　(3)核對押碼　(4)視單據內容。

(　　) 16. 經通知銀行通知之信用狀，對賣方的主要好處為　(1)不會遺失　(2)能確認真實性　(3)較迅速　(4)節省費用。

(　　) 17. 有權使用信用狀，享受信用狀利益的當事人稱為信用狀的　(1)申請人　(2)轉讓人　(3)受益人　(4)開狀人。

(　　) 18. 應信用狀受益人之請求，讓購或貼現信用狀項下匯票及單據之銀行稱為　(1)開狀銀行　(2)押匯銀行　(3)保兌銀行　(4)再押匯銀行。

(　　) 19. 下列哪一項信用狀，不以清償貨款為目的？　(1)即期信用狀　(2)擔保信用狀　(3)循環信用狀　(4)遠期信用狀。

(　　) 20. 若不可撤銷信用狀要撤銷，不需經過下列何者的同意？　(1)受益人　(2)開狀銀行　(3)通知銀行　(4)保兌銀行（若經保兌）。

(　　) 21. 信用狀所載付款期限為90 days after sight，係指　(1)開狀日期後90天付款　(2)提單日期後90天付款　(3)開票日期後90天付款　(4)承兌日期後90天付款。

(　　) 22. 下列何種信用狀，較適合中間商不想讓買主及供應商直接接觸的交易？　(1)擔保信用狀　(2)背對背信用狀　(3)循環信用狀　(4)轉讓信用狀。

( ) 23. 最適合三角貿易使用的信用狀是　(1)可撤銷信用狀　(2)擔保信用狀　(3)背對背信用狀　(4)紅色條款信用狀。

( ) 24. 補償交易的進行如需開發信用狀，一般以何種信用狀為佳？　(1)背對背信用狀　(2)紅條款信用狀　(3)擔保信用狀　(4)綠條款信用狀。

( ) 25. 進口商對同一出口商之相同產品重複訂貨時，最適合開發來支付貨款的信用狀是　(1)預支信用狀　(2)擔保信用狀　(3)遠期信用狀　(4)循環信用狀。

( ) 26. 如果開狀銀行信用不佳時，對出口商而言，該信用狀最好是　(1)經保兌　(2)可轉讓　(3)可撤銷　(4)可轉運。

( ) 27. 下列何者通常不是信用狀上所要求的押匯文件？　(1)匯票　(2)出口押匯申請書　(3)商業發票　(4)提單。

( ) 28. 押匯銀行發現押匯文件具有輕微瑕疵但可更正時，通常採取下列何種方式處理？　(1)請出口商自行更正　(2)建議修改L/C　(3)拒絕受理　(4)改用託收。

( ) 29. 信用狀係開狀銀行對受益人承諾保證　(1)交貨無誤　(2)進口商信用良好　(3)信用狀內容是真　(4)符合條件確定付款。

( ) 30. 信用狀內容出現"This Credit is available with any bank by negotiation."，表示該信用狀係　(1)直接信用狀　(2)自由讓購信用狀　(3)限押信用狀　(4)承兌信用狀。

( ) 31. 信用狀內容出現"This Credit is available with the advising Bank by negotiation."，表示該信用狀係　(1)直接信用狀　(2)自由讓購信用狀　(3)限押信用狀　(4)延期付款信用狀。

( ) 32. 下列哪一項不是Stand-by L/C之用途？　(1)貸款保證　(2)清償貨款　(3)履約保證　(4)投標保證。

( ) 33. 信用狀規定裝運日期為on or about August 10，則在下列哪一項時間完成裝運即符合規定？　(1)8月5日至8月15日　(2)8月1日至8月20日　(3)8月3日至8月17日　(4)7月25日至8月25日。

( ) 34. 下列何者非為信用狀交易的相關當事人？　(1)Advising Bank

(2)Beneficiary　(3)Forwarder　(4)Confirming Bank。

(　) 35. 信用狀如規定受益人開發遠期匯票，其票據期間利息（貼現息）由賣方負擔者稱為　(1)Deferred Payment L/C　(2)Sight L/C　(3)Buyer's Usance L/C　(4)Seller's Usance L/C。

(　) 36. 信用狀受益人提示單證請求付款的期限，不受下列何種期限之限制？(1)信用狀的有效期限　(2)裝運日後特定期間　(3)輸出許可證有效期限　(4)裝運日後第21日內。

(　) 37. 下列何者不是買方向銀行申請信用狀開狀時，通常要填具或提出的文件？(1)開發信用狀約定書　(2)開狀申請書　(3)輸入許可證或交易憑證　(4)進口報單。

(　) 38. 開狀銀行以電傳Tele-Transmission方式開發L/C，一般不含下列何種方式？(1)Cable　(2)Telex　(3)Fax　(4)SWIFT。

(　) 39. L/C上若註明±15%的數量單位，若與UCP 600的規定不同，應以下列哪一項為準？　(1)L/C上所載　(2)UCP 600的規定　(3)視國家而定　(4)買賣契約。

(　) 40. 在信用狀交易中，下列何者不可能是讓購銀行（Negotiating Bank）？(1)保兌銀行　(2)押匯銀行　(3)付款銀行　(4)通知銀行。

(　) 41. 下列何者不是SWIFT信用狀之特色？　(1)自動核對密碼　(2)以符號圖形引導信用狀內容　(3)開狀銀行確切保證字眼之省略　(4)遵循UCP 600之規定。

(　) 42. 關於UCP 600，下列敘述何者錯誤？　(1)全名為跟單信用狀統一慣例　(2)以國際商會第600號小冊子公佈，故稱UCP 600　(3)主要是規範信用狀作業　(4)係規範FOB等貿易條件。

(　) 43. 凡信用狀內容有不符買賣契約之約定時，下列何者較適宜？　(1)出口商應請進口商修改信用狀　(2)出口商應接受信用狀後，等出貨時修改契約　(3)進口商會透過開狀銀行加以澄清　(4)出口商可不予理會。

(　) 44. 對外匯短缺的國家或信用不良的廠商出口貨物，宜要求對方採用何種付款方式？　(1)遠期L/C　(2)D/P　(3)O/A　(4)保兌之L/C。

( ) 45. 根據UCP 600規定，開狀銀行收到單據後，需在最長五個營業日內決定是否接受，否則將 (1)視為拒絕接受 (2)視為接受 (3)視申請人是否決定接受 (4)視押匯銀行而定。

( ) 46. 一般情況下，主要信用狀（Master L/C）與次要信用狀（Secondary L/C）之金額 (1)應相等 (2)主要信用狀較高 (3)次要信用狀較高 (4)無關聯。

( ) 47. 依UCP 600規定，除信用狀上另有規定外，銀行可否接受提單簽發日期早於開狀日期？ (1)可以 (2)不可以 (3)需先經買方同意 (4)視狀況而定。

( ) 48. 依UCP 600規定，信用狀有效日期及提示單據之截止日，若適逢銀行休假日，則 (1)仍按當日計算 (2)可順延至次一個銀行營業日 (3)需提前至上一個銀行營業日 (4)修改信用狀以符合要求。

( ) 49. 遠期信用狀內容如未載明貼現息由誰負擔時，該信用狀的貼現息應由誰負擔？ (1)申請人 (2)受益人 (3)開狀銀行 (4)承兌銀行。

( ) 50. 是否符合信用狀內容所規定之最後裝運日期，係審查下列何種單據的日期作比較得知？ (1)提單 (2)裝貨單 (3)匯票 (4)商業發票。

( ) 51. 進口商應憑下列哪一項單據辦理進口報關提貨事宜？ (1)提單 (2)大副收據 (3)裝貨單 (4)提貨單。

( ) 52. 押匯銀行受理押匯是一種融資行為，其所代墊款項之利息費用由何者負擔？ (1)信用狀申請人 (2)信用狀受益人 (3)開狀銀行 (4)承兌銀行。

( ) 53. 信用狀規定貨物數量為100,000公斤的玉米，禁止分批裝運，下列何種裝運數量不符合L/C規定之寬容範圍？ (1)90,000公斤 (2)95,000公斤 (3)100,000公斤 (4)105,000公斤。

( ) 54. 開狀銀行應買方的要求開出信用狀，賣方是因為有下列何種信用才願意裝運貨物出口？ (1)買方信用 (2)賣方信用 (3)開狀銀行信用 (4)有保證金。

( ) 55. UCP 600規定銀行對單據有效性及傳送遲延或錯誤負有 (1)全部責任 (2)不負任何責任 (3)負部分責任 (4)依實際狀況決定。

( ) 56. 依UCP 600之規定，信用狀與買賣契約之關係為 (1)相互獨立 (2)相互依

賴　(3)部分相關　(4)相互拘束。

(　) 57. 信用狀統一慣例（UCP）之適用於信用狀交易，係由下列何者決定？
(1)各國法規　(2)信用狀當事人　(3)國際公法　(4)國際商會。

(　) 58. 在信用狀未規定裝運數量不得增加或減少時，下列何種計算單位容許有5%
上下差異？　(1)Dozen　(2)Cartons　(3)Tons　(4)Sets。

(　) 59. Seller's Usance信用狀之利息由下列何者負擔？　(1)受益人　(2)申請人
(3)開狀銀行　(4)補償銀行。

(　) 60. 進口商應出口商的請求修改信用狀上之條款時，則進口商應向下列何者申
請修改？　(1)保兌銀行　(2)原開狀銀行　(3)押匯銀行　(4)通知銀行。

(　) 61. 除信用狀另有規定外，修改信用狀次數之限制爲何？　(1)1次　(2)2次
(3)3次　(4)無限制。

(　) 62. 下列何者不屬於信用狀的特性？　(1)有價證券性　(2)文義性　(3)單據交易
性　(4)無因性。

(　) 63. 依信用狀統一慣例，除非另有規定，銀行原則上將拒絕下列哪種提單？
(1)備船提單　(2)簡式提單　(3)貨櫃提單　(4)清潔提單。

(　) 64. 在信用狀作業上，有關各方所處理者係爲下列何者？　(1)訂單　(2)契約
(3)貨物　(4)單據。

(　) 65. 買方到往來銀行開發信用狀給賣方，買方被稱爲　(1)申請人（Applicant）
(2)受益人（Beneficiary）　(3)開票人（Drawer）　(4)付款人（Payer）。

(　) 66. 信用狀經另一銀行Confirmed者，稱爲　(1)即期信用狀　(2)遠期信用狀
(3)保兌信用狀　(4)擔保信用狀。

(　) 67. 依UCP 600之規定，通知銀行收到信用狀後，最遲應於何時完成信用狀通
知手續？　(1)次一營業日　(2)五個營業日　(3)二十一個營業日　(4)未規
定期限。

(　) 68. 依UCP 600之規定，信用狀一經保兌，則保兌銀行所負之確定義務與下列
何者完全相同？　(1)開狀銀行　(2)通知銀行　(3)押匯銀行　(4)補償銀
行。

（　）69. 信用狀未註明天然氣之交貨數量不得增減，但受益人於裝運時多裝了3%，
依UCP 600之規定，則其押匯金額應為信用狀金額之若干？　(1)100%
(2)103%　(3)105%　(4)110%。

（　）70. 對信用狀修改書之接受或拒絕，受益人應知會　(1)託收銀行　(2)指定銀行
(3)通知銀行　(4)押匯銀行。

（　）71. 不可轉讓信用狀項下所須提示之匯票，其發票人應為　(1)通知銀行　(2)開
狀申請人　(3)開狀銀行　(4)信用狀受益人。

（　）72. 依UCP 600之規定，在信用狀交易中，負最終付款義務的當事人是　(1)押
匯銀行　(2)開狀銀行　(3)通知銀行　(4)補償銀行。

（　）73. 依UCP 600之規定，信用狀的轉讓費用由下列何者負擔？　(1)信用狀之第
一受益人　(2)信用狀之第二受益人　(3)信用狀之第一受益人與第二受益人
平均分擔　(4)轉讓銀行。

（　）74. 電子信用狀統一慣例（eUCP）共有多少條文？　(1)600條　(2)39條　(3)12
條　(4)10條。

（　）75. 依UCP 600之規定，有關辦理信用狀轉讓之敘述，下列何者錯誤？　(1)信
用狀金額得以減少　(2)有效期限得以縮短　(3)信用狀所載之任何單價得以
減少　(4)保險投保百分比不得酌予增加。

（　）76. 有關電子信用狀統一慣例（eUCP1.1）與信用狀統一慣例（UCP 600），下
列敘述何者正確？　(1)適用eUCP1.1之信用狀，須明示其含有UCP 600，才
能適用UCP 600　(2)當同時適用eUCP1.1與UCP 600，卻產生不同結果，應
優先適用eUCP1.1之規定　(3)如依eUCP1.1僅可提示紙面單據時，應單獨適
用eUCP1.1　(4)國際商會制定eUCP1.1係於2007年10月1日起正式實施。

（　）77. 倘信用狀正本不慎遺失，受益人應如何處理？　(1)登報聲明作廢，請通知
銀行補發影本　(2)請開狀銀行補發正本　(3)告知進口商　(4)以自己留底之
影本押匯。

（　）78. 依UCP 600之規定，開狀銀行審查單據之時間係自提示之日後多少天決定
提示是否符合？　(1)最長五個營業日　(2)最長七個營業日　(3)至少五個營
業日　(4)至少七個營業日。

( ) 79. 依UCP 600之規定，倘匯票期間為30 days from on board date，而提單的裝船日期為7月1日，則匯票到期日應為下列何者？ (1)7月29日 (2)7月30日 (3)7月31日 (4)8月1日。

( ) 80. 新版信用狀統一慣例UCP 600，共有多少條文？ (1)30條 (2)39條 (3)49條 (4)55條。

( ) 81. 依UCP 600之規定，有關可轉讓信用狀之敘述，下列何者錯誤？ (1)第二受益人之單據提示，不須向轉讓銀行為之 (2)除轉讓時另有約定外，有關轉讓費用由第一受益人支付 (3)保兌銀行對可轉讓信用狀之附加保兌須延伸至已轉讓信用狀 (4)保險投保百分比得酌予增加。

( ) 82. 依UCP 600之規定，銀行因不可抗力因素導致中斷營業而致之後果不負責任，下列何者非屬不可抗力因素？ (1)恐怖行動 (2)戰爭 (3)內亂 (4)示威。

( ) 83. 有關Local Credit之敘述，下列何者錯誤？ (1)係依據國外Master信用狀而轉開給國內製造商 (2)信用狀係以中文方式開發 (3)為規避匯率波動風險，信用狀金額之幣別皆以原國外信用狀之幣別開發 (4)又稱為背對背信用狀。

( ) 84. Deferred Payment Credit係指 (1)循環信用狀 (2)遠期信用狀 (3)無追索權信用狀 (4)延期付款信用狀。

( ) 85. Re-Negotiating Bank係指 (1)押匯銀行 (2)再押匯銀行 (3)保兌銀行 (4)償付銀行。

( ) 86. 在限押信用狀之下，其有效期限係指單據最遲應在有效期限當日或之前送達下列何家銀行？ (1)開狀銀行 (2)讓購銀行 (3)限押銀行 (4)保兌銀行。

( ) 87. 對出口商資金運用而言，下列條件何者較為有利？ (1)Deferred Payment Credit at 60 days after B/L date (2)Deferred Payment Credit at 45 days after receipt shipping documents (3)Usance 60 days after sight (4)Usance 60 days after B/L date。

( ) 88. 國際貿易交易中所牽涉到日期有：a.信用狀開狀日；b.信用狀有效日期；

c.裝船日；d.結關日；e.押匯日；f.買賣契約簽約日，其先後順序應為 (1)fabcde　(2)facebd　(3)fadceb　(4)fdceab。

(　) 89. 若信用狀規定提示四份商業發票，「四份」之英文為　(1)Duplicate (2)Triplicate　(3)Quadruplicate　(4)Quintuplicate。

(　) 90. 信用狀正本在提示押匯銀行辦理押匯完畢後，該信用狀正本，押匯銀行 將如何處理？　(1)交還受益人　(2)逕寄開狀銀行　(3)逕寄開狀申請人 (4)押匯銀行留底存查。

(　) 91. 有關信用狀之有效期限，應以下列何者規定，對受益人較為有利？　(1)受 益人國家為準　(2)開狀申請人國家為準　(3)開狀銀行櫃臺為準　(4)償付銀 行櫃臺為準。

(　) 92. 依據UCP 600之規定，信用狀條款中若未明確註明是否允許「分批裝運」 與「允許轉運」時，則應視為　(1)允許分批裝運，但不允許轉運　(2)允許 分批裝運和轉運　(3)允許轉運，但不允許分批裝運　(4)不允許分批裝運和 轉運。

(　) 93. 信用狀有關提單之敘述為 "FULL SET OF CLEAN ON BOARD OCEAN BILLS OF LADING MADE OUT TO ORDER OF SHIPPER MARKED 'FREIGHT PREPAID'."，受益人押匯時必須提示何種提單？　(1)全套、清 潔及記名式提單　(2)備運、清潔及指示式提單　(3)全套、運費預付及指示 式提單　(4)清潔、運費到付及指示式提單。

(　) 94. 有關Secondary L/C之敘述，下列何者錯誤？　(1)又稱為Back to Back L/C (2)通常Secondary L/C之金額較Master L/C大　(3)Secondary L/C之有效期限 較Master L/C短　(4)若該Secondary L/C係開給國外供應商，則屬於三角貿 易。

(　) 95. 開狀銀行開出不可撤銷信用狀後，可因下列何者理由拒絕付款？　(1)開狀 申請人公司倒閉　(2)貨物不符合契約　(3)貨物運輸途中減失　(4)出口商提 示單據不符信用狀規定。

(　) 96. 有關保兌銀行之敘述，下列何者錯誤？　(1)是受開狀銀行所委託，故由開 狀銀行授權之　(2)一旦對不可撤銷信用狀予以保兌，就承擔兌付之義務

(3)開狀銀行無法付款時，保兌銀行才對提示單據之受益人付款　(4)保兌銀行與開狀銀行對受益人而言，同時負有付款或承兌之責任。

( ) 97. 有關信用狀作業規則之敘述，下列何者錯誤？　(1)ISP98適用於擔保信用狀　(2)ISBP必須與UCP合併使用，始生效力　(3)UCP 600適用於書面單據提示；eUCP適用於電子提示　(4)UCP與ISBP有牴觸時，以ISBP的規定優先。

( ) 98. 出口商如遇奈及利亞商人自行攜帶信用狀來臺採購時，較佳之處理方式為　(1)L/C是付款保證，因此可以接受　(2)只要能提示L/C上規定之單據就應該沒有問題　(3)只要是可轉讓L/C應為陷阱　(4)因L/C未經銀行通知，難以判斷其真偽，礙難接受。

( ) 99. L/C中規定於7月、8月、9月分三批裝船，出口商於7月裝完第一批後，8月份來不及裝運，擬於9月份再裝運，則　(1)L/C對第二批、第三批已無效　(2)可連同第二批交運　(3)第二批不能裝，只能裝第三批　(4)只要在9月底前裝完三批貨即可。

( ) 100. 補償銀行（Reimbursing Bank）係應開狀銀行委託替其償付「求償銀行」墊付之款項，一般而言其委任為　(1)按L/C規定審核單據　(2)僅償付款項　(3)按買賣契約規定辦理　(4)依該國銀行法規定辦理。

( ) 101. 下列何種信用狀規定受益人得在備妥信用狀所規定單證之前，向銀行預支一定金額？　(1)Revolving Credit　(2)Red Clause Credit　(3)Stand-by Credit　(4)Straight Credit。

( ) 102. 目前銀行審核信用狀所規定之單據，其所依據之標準係為下列何者？　(1)開狀銀行實務　(2)國際間標準銀行實務　(3)中央銀行實務　(4)押匯銀行實務。

( ) 103. 有關L/C押匯單據之提示期限，若L/C未做規定，依UCP 600第14條c項規定應於下列何時提示？　(1)裝運日後3日內為之　(2)裝運日後7日內為之　(3)裝運日後15日內為之　(4)裝運日後不遲於21曆日提示。

( ) 104. 依UCP 600第6條c項規定信用狀之簽發，不可要求以下列何者為匯票付款人？　(1)受益人　(2)保兌銀行　(3)開狀申請人　(4)償付銀行。

(　　) 105. 下列敘述,何者錯誤?　(1)買方遠期信用狀,係開狀銀行給予進口商之融資　(2)賣方遠期信用狀只要出口商提示之單據與匯票符合信用狀規定,即可獲得付款　(3)賣方遠期信用狀,進口商可晚付貨款　(4)賣方遠期信用狀,就賣方而言,需交貨一段時間才能領到貨款。

(　　) 106. 依信用狀UCP 600第38條g項規定,可轉讓信用狀其變更條款,下列敘述何者錯誤?　(1)裝船期限得以縮短　(2)有效日期得以縮短　(3)貨品名稱可以更改　(4)金額或單價得以減少。

第八章

解答：

1.	2.	3.	4.	5.	6.	7.	8.	9.	10.
(3)	(1)	(2)	(2)	(3)	(2)	(4)	(4)	(2)	(2)
11.	12.	13.	14.	15.	16.	17.	18.	19.	20.
(2)	(4)	(4)	(3)	(3)	(2)	(3)	(2)	(2)	(3)
21.	22.	23.	24.	25.	26.	27.	28.	29.	30.
(4)	(2)	(3)	(1)	(4)	(1)	(2)	(1)	(4)	(2)
31.	32.	33.	34.	35.	36.	37.	38.	39.	40.
(3)	(2)	(1)	(3)	(4)	(3)	(4)	(3)	(1)	(3)
41.	42.	43.	44.	45.	46.	47.	48.	49.	50.
(2)	(4)	(1)	(4)	(2)	(2)	(1)	(2)	(2)	(1)
51.	52.	53.	54.	55.	56.	57.	58.	59.	60.
(4)	(2)	(1)	(3)	(2)	(1)	(2)	(3)	(1)	(2)
61.	62.	63.	64.	65.	66.	67.	68.	69.	70.
(4)	(1)	(1)	(4)	(1)	(3)	(4)	(1)	(1)	(3)
71.	72.	73.	74.	75.	76.	77.	78.	79.	80.
(4)	(2)	(1)	(3)	(4)	(2)	(1)	(1)	(3)	(2)
81.	82.	83.	84.	85.	86.	87.	88.	89.	90.
(1)	(4)	(2)	(4)	(2)	(3)	(4)	(3)	(3)	(1)
91.	92.	93.	94.	95.	96.	97.	98.	99.	100.
(1)	(2)	(3)	(2)	(4)	(3)	(4)	(4)	(1)	(2)
101.	102.	103.	104.	105.	106.				
(2)	(2)	(4)	(3)	(4)	(3)				

9

進出口結匯與融資

進出口結匯

第一節　出口押匯

以信用狀為付款方式之出口結匯，即押匯銀行墊付信用狀項下之跟單匯票款，再轉向開狀銀行收取所墊付款項之程序。其性質為：

1. 出口押匯為墊款之性質，而非權利買賣。
2. 出口押匯所提示之匯票為信用狀項下之跟單匯票，而非光票，故銀行所重視者為押匯單據，而非匯票本身。
3. 開狀銀行如拒付，即匯票及貨運單據未獲付款時，押匯銀行可向出口商行使追索權，出口商仍應負清償責任。

一、出口押匯之流程

1. 出口商依信用狀之規定備妥各項單據，開發匯票向其往來銀行（即押匯銀行）申請押匯。
2. 押匯銀行審核出口商提示之匯票與單據符合信用狀規定後，正式墊付出口商票

款（或貨款）。

3. 押匯銀行根據信用狀規定，將匯票與單據郵寄開狀銀行求償。

4. 開狀銀行審核匯票與單據無誤後，將墊款金額給押匯銀行。

二、出口押匯辦理手續

(一)第一次辦理出口押匯時，出口商提供之文件

　　1. 客戶資料表。

　　2. 送交印鑑登記卡。

　　3. 簽具質押權利總設定書L/H（General Letter of Hypothecation），為約定出口
　　　商與押匯銀行間的權利義務。

　　4. 開立外匯存款帳戶。

(二)押匯銀行徵信調查

徵信調查完竣後，凡符合資格者，押匯銀行即核定押匯額度，並通知出口商備妥文
件辦理出口押匯。

(三)每次辦理出口押匯時，出口商提供之文件

　　1. 出口押匯申請書。

　　2. 全套信用狀。

　　3. 匯票。

　　4. 貨運單據。

　　5. 匯出匯款申請書或折換申請書：須付國外代理商佣金時才要填寫，由押匯銀
　　　行於押匯時扣除。

(四)出口押匯完成

押匯銀行掣發出口結匯證實書給出口商。

三、押匯銀行作業之流程

受理申請→徵信調查→收件及登記→單據審核→款項撥付→匯票（或單據）求償→
押匯款進帳。

第二節　轉押匯

信用狀規定出口商所提示之單據必須在限押銀行辦理押匯，若出口商與限押銀行無往來關係，而改在非限押銀行辦理押匯時，則須由受理之押匯銀行向限押銀行辦理轉押匯。

依銀行公會所訂定「銀行間辦理轉押匯業務合作要點」：

一、銀行責任

1. 押匯銀行：負責審查單據。
2. 限押銀行（或稱再押匯銀行）：負責單據寄送及求償。

二、拒付之處理

1. 由限押銀行向開狀銀行交涉。
2. 押匯銀行亦得逕向開狀銀行交涉。如開狀銀行不願與押匯銀行交涉，限押銀行應協助處理。

三、限押銀行兼為保兌銀行時，不適用本合作要點

第三節　押匯單據之審核要點

依UCP 600之規定，信用狀作業中，相關各方所處理的為單據，而非與該等單據有關之貨物、勞務或其他履約行為；且開狀銀行（或保兌銀行）付款之憑藉，為受益人提示完全符合信用狀所規定之單據。故受益人在製審單時，必須符合信用狀相關規定；而銀行在審單時，亦需依循UCP及ISBP相關規定。銀行審單之原則，應以相當之注意力，確定單據「表面上」所顯示與信用狀條款相符，且所有單據應具一致性，不得互相矛盾。

一、匯票

匯票（Bill of Exchange, Draft）是由發票人簽發一定之金額，委託付款人在見票時或者在指定日期無條件支付給受款人或者持票人的票據，故匯票是一種無條件支付的委託。有三個當事人：發票人、付款人和受款人。

(一)匯票的種類

匯票從不同角度可分成以下幾種：

1. 按發票人不同

    可分成銀行匯票和商業匯票。銀行匯票（Banker's Draft），發票人是銀行，付款人也是銀行，使用在順匯付款方式，如票匯（Demand Draft, D/D）。商業匯票（Commercial Draft），發票人是企業或個人，付款人可以是企業、個人或銀行，使用在逆匯付款方式，如信用狀（L/C）、託收（D/P、D/A）。

2. 按是否附有貨運單據

    可分為光票和跟單匯票。光票（Clean Draft），指不附有貨運單據的匯票，銀行匯票多是光票。跟單匯票（Documentary Draft），指附有貨運單據在內的匯票，跟單匯票多是商業匯票。

3. 按付款日期不同

    可分為即期匯票和遠期匯票。匯票上付款日期有四種記載方式：(1)見票即付（at sight）；(2)見票後若干天付款（at×× × days after sight）；(3)發票日後若干天付款（at×× × days after date）；(4)提單日後若干天付款（at×× × days after B/L date May 27, 2016）。見票即付的匯票為即期匯票（Sight Bill），若匯票上未記載付款日期，一般視為見票即付。其他三種記載方式為遠期匯票（Usance Bill）。

4. 按單據交付條件的不同

    可分為付款交單匯票和承兌交單匯票。付款交單匯票（D/P Bill）為發票人提供即期或遠期匯票與單據，付款人付清票款後取得單據。承兌交單匯票（D/A Bill）為發票人提供遠期匯票與單據，付款人承兌匯票後取得單據，到期後付款。

(二)匯票之審核要領

1. 匯票簽發日期

    匯票簽發日期應在裝運日期後，信用狀有效期限及提示單據的特定期限內。

2. 匯票金額

(1)必須為一定之金額，約略金額無效。

(2)小寫金額必須包含幣別及阿拉伯數字，大寫金額必須包含幣別及文字數字，且大小寫金額須一致。如兩者相牴觸時，則應以文字所表示之金額作為要求之金額而予以審查。

(3)應依提示所要求付款之金額而簽發，且不超過信用狀可使用餘額。

3. 匯票期限

應符合信用狀規定。

4. 簽發人

信用狀未規定時，須由信用狀受益人（即出口商）簽發並簽署。

5. 付款人

不可要求以申請人為付款人。

二、商業發票

(一)商業發票之種類

1. 商業發票（Commercial Invoice）
簡稱Invoice，係出口商於貨物裝運出口時，開給進口商作為進貨的憑證。由於商業發票上載有貨物的成交規格、成交數量、單價及總金額等，故其具有貨物清單（List of Goods Shipped）的性質；賣方在貨物裝運以後，為讓買方明瞭其債務，通常都以發票的副本寄給買方，俾買方在付款方面能有所準備，故商業發票也具有債務通知書（Statement of Account）和帳單（Debit Note）的性質。

2. 預期發票（Proforma Invoice）
為一純形式之發票，尚無實際交易發生。原為賣方推銷貨物時，提供買方估算貨物進口成本之參考文件，實際上買賣契約尚未成立，賣方也並未出貨。實務上，預期發票若具有報價之內容而構成法律上之要約（Offer）者，即可替代報價單用；但若具有售貨確認書之條件者，可替代售貨確認書用。

(二)商業發票之審核要領

1. 發票日期

不可遲於匯票簽發日，亦不得遲於信用狀有效日期或提示押匯、付款及承兌日期。

2. 發票人

除可轉讓信用狀外，應以信用狀受益人為發票人。

3. 抬頭人

除信用狀另有規定外，應以開狀申請人為抬頭人。

4. 發票金額

不得超過信用狀未用餘額。

5. 發票幣別

須與信用狀同一幣別。

6. 貨物的敘述

須與信用狀規定相符。依UCP 600第18條規定：商業發票對貨物的敘述，須與信用狀規定者相符，但並未規定相符之程度為何。依ISBP規定，商業發票對貨物的敘述，須與信用狀規定者相符，但非如鏡子影像般之要求，並且得同時敘明有關該貨物之額外資料，但以該等資料未顯示涉及貨物之不同性質、分級或類別為限。

7. 簽署

除信用狀另有規定外，發票人無須簽署。

三、裝箱單

(一)裝箱單之種類

1. 裝箱單（Packing List）

又稱為包裝單、花色碼單或內容明細表（Specification of Contents），為出口商所製作，記載其所裝運商品每一件包裝內容的清單，可作為商業發票的補充文件。商業發票上所表示者只是貨物數量的籠統數字，至於詳細內容，例

如各種不同規格的貨品裝入何箱，各箱的重量、體積以及尺寸各若干，則無法一一表示，乃由裝箱單來表示。

2. 中立裝箱單（Neutral Packing List）

出口商以第三者之名義或以無箋頭（Letterhead）方式製作的裝箱單。常見於三角貿易的場合，進口商為防止最終買主與出口商直接交易，會要求出口商提供中立裝箱單。

(二)裝箱單之審核要領

UCP 600中並無專屬規範裝箱單之條文，故只要裝箱單內容不與其他單據互相矛盾或牴觸即可。依ISBP規定：單據得冠以信用狀要求之名稱，或相似名稱，或不冠名稱。例如，信用狀要求「Packing List」（裝箱單）時，則只要單據含有裝箱明細，無論該單據冠以「Packing Note」（包裝記錄單）、「Packing and Weight List」（包裝及重量單）等名稱，或未冠名稱，均符合信用狀之要求。單據之內容必須顯示符合該要求單據之功能。

四、運送單證之審核要領

(一)簽發日期
不得遲於信用狀規定的最後裝船期限。

(二)簽發人
表明運送人名稱，且經有權人員（運送人、船長或標名代理人）簽署或確認者。

(三)受貨人、被通知人
所顯示的申請人地址與信用狀中規定的申請人地址必須完全一致。

(四)份數
除非信用狀另有規定外，必須提示全套正本提單。

(五)種類
原則上須為裝船提單、清潔提單。

五、保險單之審核要領

(一)簽發人

接受保險公司、保險人或其代理人所簽發者，但不接受保險經紀人所簽發之暫保單或投保通知書。

(二)簽發日期

不可遲於運送單據之裝運日期。若遲於運送單據之裝運日期時，應以附加或註記清楚表明該承保範圍係自一不遲於裝運日之日期起生效。

(三)份數

所發行之正本如超過一份時，必須提示全部正本。

(四)保險金額

應依信用狀規定，如信用狀無規定時，以CIF或CIP的110%投保。

(五)保險幣別

應與信用狀同一幣別。

(六)承保範圍

保險單據得表明其承保範圍適用免賠額或僅賠超額（扣除免賠額）。

(七)形式

除信用狀另有規定外，應為可轉讓形式。若以出口商為被保險人時，出口商應於押匯時將其背書轉讓。

六、海關發票與領事發票

海關發票（Customs Invoice）為向加拿大、澳洲、紐西蘭及南非聯邦等地出口貨品，除須提供商業發票外，常常還須提出各國海關所規定的特定發票，這種發票各國均有其規定的格式，須填具的內容亦各有不同，但其作用則大致相同：

1. 輸入國海關查核貨物原產地及課徵關稅的依據。
2. 輸入國海關統計之用。
3. 輸入國海關查核有無傾銷或虛報價格逃稅情事。

領事發票（Consular Invoice）為各國領事館所規定的特定格式發票，須經駐在輸出

國的輸入國領事簽證，其作用與海關發票類似，為證明進口貨物是否與原產地相符、輸入國進口課徵關稅之依據、防止輸出國傾銷及輸入國統計之用。

七、產地證明書

產地證明書（Certificate of Origin，簡稱C/O）為證明貨物產地或製造地的文件。由於進口國會對某些特定國家所製造的產品給予優惠性關稅，或為了限制或禁止某些國家之某種貨物進口等目的，而要求進口商於進口報關時，應提供原產地證明書以為憑證。

優惠關稅產地證明書GSP Form或Form A，為已開發國家給予開發中國家之進口貨物關稅減免之優惠，為確定貨物來源，故進口報關時須提示此文件。

(一)作用

1. 進口國享受較低之協定稅率或優惠關稅之憑證。
2. 防止由敵對國家輸入貨品。
3. 防止外國貨品傾銷或不遵守配額制度。
4. 便於海關統計進口國別。

(二)簽發人及簽署

依ISBP規定，有下列三種情形：

1. 信用狀有指定簽發人時，必須依其指定。
2. 信用狀規定由受益人、出口商或製造商簽發時，由商會簽發之產地證明書亦可接受。
3. 信用狀未規定簽發人時，可接受任何人所簽發之產地證明書。

依ISBP規定：信用狀即使未規定，匯票、證明書（Certificate）及聲明書（Dealaration）仍須要簽署。

(三)審核要領

1. 簽發日期不宜晚於裝船日期。
2. 內容須與商業發票一致。
3. 依我國原產地證明書管理辦法：

第22條：申請原產地證明書註銷或註銷換發者，申請人應檢具原核發之原產地證明書全份，向原簽發單位申請辦理。

第23條：原產地證明書不得塗改；其經塗改者，無效。

第四節　押匯單據瑕疵之處理

當押匯單據瑕疵情況輕微且可更正時，可請受益人自行更正；若無法更正時，其處理方式有：

一、修改信用狀

出口商請求進口商修改信用狀。

二、電報押匯（Cable Negotiation）

受益人所提示的單據經押匯銀行審核發現與信用狀條件不符或單據彼此間有不一致情事，且銀行認為瑕疵情況嚴重，開狀銀行可能拒付，故先以電報向開狀銀行詢問，俟其同意後再辦理押匯的方式。如進口商及開狀銀行都同意，即產生與修改信用狀同等效力。

三、保結押匯（Negotiation Under Reserve）

押匯銀行審核單據後，發現受益人所提示單據雖有瑕疵，但該瑕疵尚屬輕微，預料開狀銀行不致拒付時，可憑受益人出具的損害賠償約定書或認賠書（Letter of Indemnity，簡稱L/I），以保結方式受理押匯。保結押匯僅係押匯銀行與受益人之間的契約，故除非另有規定，若單據無法為買方或開狀銀行所接受時，押匯銀行無法向開狀銀行請求兌付的權利，只能依損害賠償約定書向受益人請求返還押匯款及因此所受的損害，所以銀行承作保結押匯時，應注意出口商的償債能力，必要時應徵提擔保品，或要求提供保證人。

四、改為託收

押匯銀行審核單據後，認為單據瑕疵情況嚴重，開狀銀行拒付可能性大，則可改以託收方式辦理，俟押匯銀行將款項收妥後，再付給受益人。

第五節　信用狀方式之進口結匯

一、全額結匯

進口商申請開狀時，將全部貨款一次結清。

二、融資結匯

(一)第一次結匯

又稱開狀結匯。進口商申請開狀時，先繳交保證金（即貨款的一部分）。

(二)第二次結匯

又稱贖單結匯。當貨運單據寄達時，進口商付清剩餘貨款。可分爲：

1. 即期信用狀

   進口商付清貨款，即可取得單據辦理進口通關、提貨。

2. 遠期信用狀

   進口商在匯票到期前，可簽發本票或信託收據（T/R），先向銀行領取單據辦理進口通關、提貨。

在國際貿易上，所謂信託收據制度，乃銀行爲協助進口商的資金融通，在其未付清票款前，允許進口商憑其出具的信託收據，先行領取單據提貨出售，然後以所得貨款清償票款的貿易融資。在此制度中，銀行以信託人的地位，保有其對標的物的擔保物權（所有權），受託人如違反約定時，信託人得隨時取回標的物，以保障其權益。

第六節　擔保提貨、副提單背書提貨及電報放貨

一、擔保提貨

1. 貨物已抵達目的地，但正本提單尙未寄達開狀銀行，進口商如急須提領貨物時，可以提單副本向開狀銀行申請擔保提貨書，即可向船公司換取小提單（D/O）辦理報關提貨，待正本提單寄達並經開狀銀行背書後，寄送船公司換回之前的擔保提貨書，解除擔保責任。

2. 提單副本（Non-Negotiable Copy B/L），通常受益人於貨物裝船後，依信用狀之規定，將提單副本直接寄達進口商。

二、副提單背書提貨

1. 進口商以副提單請開狀銀行背書後，即可向船公司換取小提單辦理報關提貨。

2. 副提單（Duplicate B/L）乃正本提單，受益人於貨物裝船後，在信用狀之特別要求下，將其中一份正本提單直接寄達進口商。

三、電報放貨

　　爲出口商事先在裝運港繳回全套正本提單，並出具切結書，待船公司確認無誤後，即通知其目的港之代理行，此筆貨物已辦理電報放貨，全套正本提單已收回，准許放貨。出口商另通知其進口商，至目的港船公司之代理行辦理提貨手續。

第二部分
融　資

第一節　指定銀行辦理外匯業務

一、「管理外匯條例」之外匯

　　本條例所稱外匯，係指外國貨幣、票據及有價證券。

(一)外國貨幣
如美元、日幣……。

(二)票據
支票、本票、匯票。

(三)有價證券
如股票、公債、公司債……。

二、「匯出及匯入匯款業務」之匯出入款項

(一)以新臺幣結售（購）時
指定銀行應掣發買匯水單（賣匯水單）。

(二)未以新臺幣結售（購）時
指定銀行應掣發其他交易憑證。

三、「進出口外匯業務」之進出口結匯款項

(一)以新臺幣結售（購）時
指定銀行應掣發出口結匯證實書（進口結匯證實書）。

(二)未以新臺幣結售（購）時
指定銀行應掣發其他交易憑證。

第二節　貿易商規避匯率風險的方法

一、遠期外匯交易

遠期外匯係買賣未來某一特定時日之外匯，可分預購遠期外匯及預售遠期外匯。交易雙方約定在未來某一特定日期或期間，依交易當時議定的金額、幣別、匯率進行實質交割之交易，屆時交易雙方皆有義務按此匯率交割。

二、外匯選擇權（Option）交易

選擇權是一種權利契約，買方支付權利金（即選擇權價格）後，便有權利在未來約定的某特定日期（到期日）之前或當日，依約定之履約價格，買入（買權；Call Options）或賣出（賣權；Put Options）約定金額之外匯。

三、外匯期貨交易

外匯期貨是指買賣雙方依契約約定的匯率，於契約到期時買賣規定的貨幣及數量。

第三節　貿易融資

一、貿易融資之特性

　　1. 銀行多透過信用狀融資。

　　2. 多涉及跟單匯票之處理。

　　3. 風險較大、範圍較廣。

二、貿易融資常見種類

(一)應收帳款管理業務（Factoring）

　　出口商將在承兌交單（D/A）或記帳（O/A）的買賣交易所產生之應收帳款權利，售予應收帳款承購商（Factor），即出口商將買方之信用風險完全轉嫁予應收帳款承購商。出口商依照契約出貨後，將國外應收帳款債權轉予應收帳款承購商，由應收帳款承購商承擔買方信用風險，並負責帳務管理、到期收款及催收款項之執行，應收帳款承購商如到期日無法取得款項，亦不能向出口商行使追索權。

(二)遠期信用狀賣斷業務（Forfaiting）

　　所謂Forfaiting，源自A'FORFAIT，含有「讓渡權利」之意思。貨物裝船後，出口商將遠期信用狀項下之票據賣斷予承作Forfaiting的銀行（買斷銀行），於該票據獲開狀銀行承兌後，買斷銀行即行付款。若日後此票據到期而不獲兌現，買斷銀行則無權向出口商追索，故Forfaiting是一種無追索權之票據貼現。

　　在國際貿易上，多運用於「遠期信用狀」，其主要目的係協助出口商因應買方中長期授信之要求，提供出口商中長期融資，並以無追索權方式，使出口商及押匯銀行免於授信風險，因整個融資期間內採固定利率方式計息，故可免除利率變動之風險。

重點練習

( ) 1. 我國管理外匯條例對「外匯」之定義不包括 (1)黃金 (2)外國貨幣 (3)外國有價證券 (4)外國票據。

( ) 2. 有關貿易融資的特性之敘述，下列何者不正確？ (1)大多涉及跟單匯票之處理 (2)涉及之風險較高 (3)大貿易商才需要貿易融資 (4)銀行大多透過信用狀給廠商貿易融資。

( ) 3. 若 L/C上規定必須由某一指定銀行辦理押匯，而受益人又與該指定銀行無往來時，則可透過何種方式完成押匯手續？ (1)保結押匯 (2)轉押匯 (3)電詢押匯 (4)瑕疵押匯。

( ) 4. 有關轉押匯之敘述，下列何者錯誤？ (1)拒付時應由再押匯銀行向開狀銀行交涉 (2)審單工作由押匯銀行負責 (3)再押匯銀行負責寄單及求償 (4)再押匯銀行兼為保兌銀行時不適用。

( ) 5. 進口商簽發本票或信託收據（T/R）先向銀行領取單據辦理提貨，適用於以下何種方式之進口結匯？ (1)付款交單 (2)承兌交單 (3)即期信用狀 (4)遠期信用狀。

( ) 6. 受益人為取得信用狀押匯額度時，所提供給押匯銀行的質押權利總設定書簡稱為 (1)L/I (2)L/H (3)T/T (4)M/T。

( ) 7. 當進口貨物較押匯單證正本先到達進口地，而進口商又急需提貨時，可用下列何種方式辦理提貨？ (1)副提單背書提貨 (2)小提單提貨 (3)擔保提貨 (4)提供擔保品提貨。

( ) 8. 當進口貨物較押匯單證正本先到達進口地，且進口商已從出口商接到副提單（Duplicate B/L），則進口商可用下列何種方式辦理提貨？ (1)副提單提貨 (2)擔保提貨 (3)副提單背書提貨 (4)小提單提貨。

( ) 9. 以託收方式辦理進口結匯的情形下，依一般慣例，託收票款之費用由何者負擔？ (1)出口地託收銀行 (2)進口地託收銀行 (3)進口商 (4)出口商。

( ) 10. 依管理外匯條例之規定，掌理外匯之業務機關為下列何者？ (1)財政部 (2)經濟部 (3)中央銀行 (4)臺灣銀行。

（　）11. 依指定銀行辦理外匯業務應注意事項之規定，有關「進口外匯業務」進口所需外匯以新臺幣結購者，應掣發下列哪一種單據？　(1)進口結匯證實書　(2)出口結匯證實書　(3)買匯水單　(4)賣匯水單。

（　）12. 依指定銀行辦理外匯業務應注意事項之規定，有關「匯出匯款業務」匯出款項以新臺幣結購者，應掣發下列哪一種單據？　(1)進口結匯證實書　(2)出口結匯證實書　(3)買匯水單　(4)賣匯水單。

（　）13. 下列何種單證是約定出口商與押匯銀行間的權利義務？　(1)質押權利總設定書　(2)結匯證實書　(3)匯出匯款申請書　(4)擔保提貨申請書。

（　）14. 凡進口商向開狀銀行融資開狀時，提單抬頭人為　(1)託運人　(2)押匯銀行　(3)開狀銀行　(4)通知銀行。

（　）15. 出口押匯時所提示之匯票，其內容不須記載　(1)付款人　(2)船名、航次　(3)開狀銀行　(4)發票人。

（　）16. 凡廠商與銀行每次有結匯行為發生時，都應有　(1)出口押匯約定書　(2)結匯證實書　(3)保結書　(4)質押權利總設定書。

（　）17. 以FOB為貿易條件時，開狀銀行通常要求進口商須先提出何種單證？　(1)Insurance Policy　(2)Insurance Certificate　(3)Trust Receipt　(4)TBD Policy。

（　）18. 所謂出口押匯係指下列何種方式之出口結匯？　(1)D/P　(2)M/T　(3)L/C　(4)O/A。

（　）19. 出口押匯時，出口商所簽發的匯票，是屬於　(1)Banker's Bill　(2)Banker's Check　(3)Commercial Bill　(4)Clean Bill。

（　）20. 出口商將貨物裝運後，依信用狀規定簽發匯票並以代表貨物的貨運單證為擔保，請銀行辦理讓購貨運單據，以取得貨款的動作，稱為　(1)出口押匯　(2)保結押匯　(3)開狀結匯　(4)贖單結匯。

（　）21. 在國際貿易付款方式中，有關託收和信用狀的敘述何者正確？　(1)兩者使用的匯票都是商業匯票　(2)兩者使用的匯票都是銀行匯票　(3)託收使用的匯票是商業匯票；信用狀使用的匯票是銀行匯票　(4)託收使用的匯票是銀行匯票；信用狀使用的匯票是商業匯票。

(　) 22. 進口商申請開發信用狀時繳交保證金的結匯，稱為　(1)保結押匯　(2)進口押匯　(3)融資開狀結匯　(4)贖單結匯。

(　) 23. 以即期信用狀「融資開狀」之情況下，進口商於何時向開狀銀行付清保證金以外之餘款？　(1)申請開狀時　(2)出口押匯時　(3)進口贖單時　(4)報關提貨時。

(　) 24. 「全額開狀」之情況下，進口商於何時向開狀銀行付清信用狀款項？　(1)申請開狀時　(2)出口押匯時　(3)進口贖單時　(4)報關提貨時。

(　) 25. 轉押匯適用在下列何種信用狀？　(1)特別信用狀　(2)直接信用狀　(3)一般信用狀　(4)讓購信用狀。

(　) 26. 下列何種方式付款時不須匯票？　(1)D/P　(2)Acceptance Credit　(3)Deferred Payment Credit　(4)D/A。

(　) 27. 中性包裝單（Neutral Packing List）係指包裝單內容中　(1)無進口商名稱　(2)無箋頭（Letter Head）　(3)無抬頭人　(4)產品以中性材料包裝。

(　) 28. Fumigation Certificate係指下列何種單據？　(1)檢驗證明書　(2)原產地證明書　(3)船公司附加聲明書　(4)燻蒸證明書。

(　) 29. 有關海關發票之敘述，下列何者錯誤？　(1)其作用與領事發票完全不同　(2)供作進口國海關統計之用　(3)供作進口國對進口貨物決定其課稅價格的根據　(4)供作進口國海關查核出口商有無傾銷情事。

(　) 30. 如果貿易條件為FOB時，除信用狀另有規定外，受益人所提示的押匯文件不必有　(1)匯票　(2)商業發票　(3)提單　(4)保險單或保險證明書。

(　) 31. 依UCP 600之規定，除信用狀另有規定外，下列單據何者可不必簽署？　(1)商業發票　(2)保險單據　(3)產地證明書　(4)運送單據。

(　) 32. 下列何者可由出口商自行簽發？　(1)保險單　(2)商業發票　(3)提單　(4)領事發票。

(　) 33. 押匯銀行於辦理押匯墊付貨款之後，若因不歸責於自身因素，而無法自開狀銀行處獲得貨款，則押匯銀行應轉向誰求償？　(1)受益人　(2)開狀申請人　(3)保險公司　(4)認賠了事。

( ) 34. 利用定期船運，不論貨物數量之多寡，在貨物裝船後則憑著下列哪一項單證來換取B/L？ (1)L/C (2)Invoice (3)Mate's Receipt (4)Packing List。

( ) 35. 就押匯銀行而言，下列何者非為開狀銀行拒付之原因？ (1)單據瑕疵 (2)限押信用狀未到指定銀行辦理押匯 (3)未按規定寄送押匯單證 (4)進口商惡意詐欺。

( ) 36. 保結押匯係指憑受益人出具下列何種文件辦理押匯手續？ (1)L/H (2)L/I (3)P/I (4)B/L。

( ) 37. 若出口商押匯所提示之單據不符合信用狀之規定，但符合買賣契約之規定，則下列何者正確？ (1)開狀銀行必須接受 (2)進口商可因此解除契約 (3)出口商不得以單據符合買賣契約為理由要求開狀銀行接受 (4)視實際情況而定。

( ) 38. 出口押匯所提示之保險單據，被保險人為下列何者時，須於保險單背面空白背書？ (1)保兌銀行 (2)開狀銀行 (3)賣方 (4)買方。

( ) 39. 進口商應持下列何種提單至開狀銀行辦理副提單背書手續？ (1)傳真提單 (2)副本提單 (3)影本提單 (4)正本提單。

( ) 40. 廠商辦理擔保提貨，主要是先向船公司換取下列何種單證，以辦理報關提貨？ (1)B/L (2)C/O (3)D/O (4)S/O。

( ) 41. 我國稱為國際金融業務分行，俗稱境外金融中心之簡稱為 (1)APEC (2)DBU (3)OBU (4)OTC。

( ) 42. 下列哪一點不屬銀行審核押匯單據之通則？ (1)應以相當之注意 (2)單據必須符合信用狀條款 (3)除信用狀另有規定外，應依UCP規定 (4)參考買賣契約之約定。

( ) 43. 除信用狀另有規定外，下列何種情況將被視為「瑕疵」？ (1)商業發票未經受益人簽署 (2)保險單表明其承保範圍適用免賠額 (3)檢驗證明書之檢驗日期遲於裝運日期 (4)保險單生效日期早於裝運日期。

( ) 44. 有關目前我國銀行界所承做之出口押匯，下列敘述何者錯誤？ (1)買賣行為 (2)授信行為 (3)質押墊款性質 (4)匯票在此係屬為擔保清償墊款之信託行為。

( ) 45. 下列敘述，何者正確？ (1)信用狀要求保險金額為發票金額的110%時，所提示之保險單據之金額得為發票金額的100% (2)清潔運送單據係指未載明貨物及包裝有瑕疵狀況之條款或註記的運送單據 (3)除信用狀另有規定外，受益人不得提示第三者提單（Third Party B/L） (4)空運提單上可以表明受貨人為 "to order"。

( ) 46. 當信用狀要求提示INVOICE IN 3 COPIES時，則下列何種情況將不被接受？ (1)提示3 張副本 (2)提示3 張正本 (3)提示2 張正本及1 張副本 (4)提示1 張正本及2 張副本。

( ) 47. 海運廠商出口貨物可不必繳納下列何種稅捐費用？ (1)關稅 (2)特別驗貨、監視費 (3)商港服務費 (4)推廣貿易服務費。

( ) 48. 信用狀若已要求出具海關發票時，大多不再要求提供下列何種單據，因海關發票已具有此單據之功能？ (1)信用狀 (2)檢驗證明書 (3)提單 (4)產地證明書。

( ) 49. 出口商出具有瑕疵的貿易文件押匯時，押匯銀行得要求出口商保證，此瑕疵押匯稱為 (1)擔保押匯 (2)質押押匯 (3)信用押匯 (4)保結押匯。

( ) 50. 受益人提示跟單匯票押匯時，押匯銀行將接受下列哪一項單據？ (1)提單上之日期在裝船日期後 (2)匯票日期在押匯期限後 (3)商業發票上對貨品之記載與信用狀完全一樣 (4)保險單據生效日期在裝船日期後。

( ) 51. 依不可撤銷信用狀裝運貨物出口後，押匯單據無瑕疵而買方倒閉無法贖單，下列何者為開狀銀行最合理的處理方式？ (1)通知賣方退回原貨 (2)藉詞拒絕付款 (3)片面撤銷信用狀 (4)提領貨物並支付貨款，轉售貨物。

( ) 52. 除信用狀另有規定外，有關商業發票之抬頭人，下列敘述何者正確？ (1)以押匯銀行為抬頭人 (2)以信用狀受益人為抬頭人 (3)以開狀銀行為抬頭人 (4)以開狀申請人為抬頭人。

( ) 53. 下列何者不是初次辦理出口押匯的手續？ (1)簽具L/H (2)開立外匯存款帳戶 (3)送交印鑑登記卡 (4)簽具L/I。

( ) 54. 出口商辦理押匯時，填寫匯出匯款申請書的目的通常為支付 (1)佣金

(2)運費　(3)保險費　(4)貼現息。

(　) 55. 所謂擔保提貨係指由何方負責擔保？　(1)開狀銀行　(2)買方　(3)賣方　(4)船方。

(　) 56. 國際貿易上以信用狀交易方式所開匯票的 "drawer" 及 "drawee"，通常分別為　(1)出口商；押匯銀行　(2)進口商；押匯銀行　(3)出口商；開狀銀行　(4)進口商；開狀銀行。

(　) 57. 進口結匯係指　(1)出口商持匯票向銀行辦理貼現　(2)進口商開出信用狀轉交出口商　(3)進口商向外匯銀行申購外匯　(4)出口商向外匯銀行讓購信用狀。

(　) 58. 賣方將買賣交易所產生之應收帳款，售予應收帳款承購商，此種貿易融資業務稱為　(1)Factoring　(2)Forfaiting　(3)Collection　(4)Franchise。

(　) 59. 對出口商而言，貿易融資業務中所稱之Forfaiting，係指下列何者？　(1)遠期信用狀賣斷　(2)即期信用狀買斷　(3)出口應收帳款承購　(4)進口應收帳款承兌。

(　) 60. 有關Forfaiting之敘述，下列何者錯誤？　(1)融資期限多為中長期半年至數年　(2)Forfaiter對出口商有追索權　(3)有進口國銀行或政府機構對票據保證　(4)提供出口商中長期出口融資及規避風險，成為拓展新興市場之優勢。

(　) 61. 有關Forfaiting之敘述，下列何者錯誤？　(1)將未來應收之債權轉讓給中長期應收票據收買業者　(2)權利的移轉　(3)係以有追索權方式賣斷給買斷行　(4)出口商可規避進口國之國家、政治風險及開狀銀行到期不付款之信用風險。

(　) 62. 某臺商以境外公司名義接受德國客戶訂單，並安排由大陸昆山工廠生產貨物及裝運出口後，該臺商持國外開來之信用狀欲辦理押匯，請問該臺商應至下列何者辦理押匯？　(1)DBU　(2)OBU　(3)中央銀行　(4)國貿局。

(　) 63. 出口商將貨物裝運出口後，應立即發出裝船通知的目的，下列何者錯誤？　(1)便於賣方投保　(2)便於買方投保　(3)買方預售貨物　(4)買方付款。

(　) 64. 信用狀條款中規定提示瑕疵單據押匯時將扣除瑕疵費，該費用係依下列何

者指示扣除？ (1)押匯銀行 (2)補償銀行 (3)開狀銀行 (4)付款銀行。

( ) 65. 依ISBP規定，有關匯票的簽發日期之說明，下列何者適當？ (1)不可早於提示日，也不可與提示日同一日 (2)宜早於B/L Date幾日 (3)不可早於B/L Date，可與B/L Date同一日 (4)宜早於B/L Date，不可與B/L 同一日。

( ) 66. 下列何者不是貿易商規避匯率風險的方法？ (1)外匯期貨交易 (2)遠期外匯交易 (3)投保運輸保險 (4)外匯選擇權交易。

( ) 67. 產地證明書Form A 係指 (1)一般產地證明書 (2)優惠關稅產地證明書 (3)檢驗合格產地證明書 (4)歐盟產地證明書。

( ) 68. 依據原產地證明書管理辦法之規定，原產地證明書 (1)可以塗改 (2)可另頁說明變更 (3)可由簽證單位在原證書上加註說明更改 (4)不得塗改。

( ) 69. 信用狀交易下，匯票（Bill of Exchange）之付款人通常為 (1)開狀銀行 (2)出口商 (3)押匯銀行 (4)通知銀行。

( ) 70. 根據我國銀行界慣例，信用狀的受益人到銀行押匯時所提示的匯票受款人（Payee）通常是 (1)受益人 (2)押匯銀行 (3)通知銀行 (4)開狀銀行。

( ) 71. 下列何種單據的商品記載應與L/C上所規定者相符？ (1)Certificate of Origin (2)Consular Invoice (3)Commercial Invoice (4)Insurance Policy。

( ) 72. 信用狀內容規定提示單據中要求之Packing List，依ISBP之規定可否用Packing Note代替？ (1)可以 (2)不可以 (3)由押匯銀行決定 (4)由開狀銀行決定。

( ) 73. 除信用狀另有規定外，有關匯票之敘述，下列何者錯誤？ (1)約略金額（about USD3,000,000）的匯票無效 (2)匯票上之大小寫金額必須相符 (3)依UCP 600 之規定，不應以開狀申請人為付款人，否則銀行將認為該匯票為額外之單據 (4)匯票之出票人為開狀申請人。

( ) 74. 依 ISBP及 UCP 600 銀行審單原則，下列何者錯誤？ (1)除匯票外，銀行可接受所有單據得由受益人以外之人簽發 (2)銀行收到所提示單據非屬信用狀所要求者，將不予理會 (3)拼字錯誤或繕打錯誤不影響該字或該句意義時，不構成單據瑕疵 (4)銀行需審核單據上數學計算明細。

( ) 75. 下列單據中，何者具有相同之作用？a.Certificate of Origin；b.Customs

Invoice；c.Proforma Invoice；d.Consular Invoice　(1)acd　(2)abd　(3)abc　(4)bcd。

(　　) 76. 貿易單據可分為契約單據、財務單據、貨運單據，下列何者於押匯或託收時不必提示？　(1)商業發票、保險單、提單　(2)信用狀、匯票　(3)報價單、訂單、售貨確認書　(4)檢驗合格證、包裝單。

(　　) 77. 下列何者不屬於以L/C辦理押匯時的單據瑕疵？　(1)Overdraw　(2)Short Shipment　(3)Late Presentation　(4)提單之貨物品名與L/C不同，但符合通用貨品名稱。

(　　) 78. 進口商以L/C 提貨，下列何者錯誤？　(1)日後貨物有瑕疵不可拒絕受貨　(2)押匯銀行提供之單據有瑕疵不得拒絕受理　(3)不可拒付貨款　(4)可以扣留B/L。

(　　) 79. 下列哪一項係所有單據的中心，交運的貨品都以該文件上所載的內容為準？　(1)B/L　(2)Commercial Invoice　(3)Packing List　(4)L/C。

(　　) 80. 依國際貨幣基金（IMF）規定，國際收支有關經常帳中，貨物計算標準為何？　(1)進口貨物以CIF價值計算，出口貨物以FOB價值計算　(2)進口貨物以FOB價值計算，出口貨物以CIF價值計算　(3)進出口貨物均按FOB價值計算　(4)進出口貨物均按CIF價值計算。

(　　) 81. 依UCP 600規定，單據上顯示的申請人地址與信用狀中規定的申請人地址必須完全一致的為　(1)商業發票　(2)保險單　(3)運送單據之收貨人或被通知人　(4)產地證明書。

第九章

解答：

1.	2.	3.	4.	5.	6.	7.	8.	9.	10.
(1)	(3)	(2)	(1)	(4)	(2)	(3)	(3)	(4)	(3)
11.	12.	13.	14.	15.	16.	17.	18.	19.	20.
(1)	(4)	(1)	(3)	(2)	(2)	(4)	(3)	(3)	(1)
21.	22.	23.	24.	25.	26.	27.	28.	29.	30.
(1)	(3)	(3)	(1)	(1)	(3)	(2)	(4)	(1)	(4)
31.	32.	33.	34.	35.	36.	37.	38.	39.	40.
(1)	(2)	(1)	(3)	(4)	(2)	(3)	(3)	(4)	(3)
41.	42.	43.	44.	45.	46.	47.	48.	49.	50.
(3)	(4)	(3)	(1)	(2)	(1)	(1)	(4)	(4)	(3)
51.	52.	53.	54.	55.	56.	57.	58.	59.	60.
(4)	(4)	(4)	(1)	(1)	(3)	(3)	(1)	(1)	(2)
61.	62.	63.	64.	65.	66.	67.	68.	69.	70.
(3)	(2)	(1)	(3)	(3)	(3)	(2)	(4)	(1)	(2)
71.	72.	73.	74.	75.	76.	77.	78.	79.	80.
(3)	(1)	(4)	(4)	(2)	(3)	(4)	(4)	(2)	(3)
81.									
(3)									

10
貨物運輸保險、輸出保險

貨物運輸保險

第一節　海上貨物運輸保險承保危險

一、基本危險

海上基本危險包括自然災害和意外事故。

(一)自然災害
自然災害僅指惡劣氣候、雷電、暴風雨、地震、海嘯，以及其他人為不可抗力的災害。

(二)意外事故
意外事故主要包括船舶擱淺、觸礁、沉沒、投棄、碰撞、火災、爆炸，以及失蹤等事故。

二、特殊危險

特殊危險是指海上基本危險以外的各種危險，如偷竊、挖竊、遺失、破碎、滲

漏、玷污、受潮受熱、生鏽、鉤損、淡水雨淋、戰爭、罷工、暴動、民眾騷擾等危險。

第二節 海上損害的種類

一、全部損失（Total Loss）

全部損失簡稱全損，指保險標的物全部遭受損失，有實際全損和推定全損之分。

(一)實際全損（Actual Total Loss）

是指貨物全部滅失或全部變質而不再有任何商業價值。例如，船舶承載之麵粉遭海水浸入，致全部泡水變成糊狀。

(二)推定全損（Constructive Total Loss）

是指貨物遭受危險後受損，儘管未達實際全損的程度，但實際全損已不可避免，或者為避免實際全損所支付的費用和繼續將貨物運抵目的地的費用之和，超過了保險價值。例如，船舶沈入海底，雖可雇工打撈貨物，但打撈費用可能就超過貨物本身的價值。另依我國海商法規定，船舶失蹤經相當時間而無音訊者，也視為推定全損。

二、部分損失（Partial Loss）

部分損失簡稱分損。依造成損失的原因，可分為共同海損和單獨海損。

(一)共同海損（General Average，簡稱GA）

在海上運途中，船舶、貨物或其他財產遭遇共同危險，為了解除共同危險，船長所採取合理的救難措施所直接造成的犧牲和費用，稱為共同海損。在船舶發生共同海損後，凡屬共同海損範圍內的犧牲和費用，須由船東及各貨主按比例共同分擔，稱共同海損分擔，然後再向各自的保險人索賠。

(二)單獨海損 （Particular Average，簡稱PA）

不具有共同海損性質，且未達到全損程度的損失，稱為單獨海損。該損失僅涉及船舶或貨物所有人單方面的利益損失。

三、費用

(一)損害防止費用

船貨在海上遇險時，被保險人或其代理人或保險受益人，爲了避免或減少損失，採取各種措施而支出的費用。

(二)施救費用

船貨在海上遇險時，若經由第三人非契約的任意施救行爲而獲救時，其所支付該第三人的報酬稱之。所謂第三人，係指保險人或被保險人以外的第三者。

(三)單獨費用

船貨在海上遇險時，貨主爲了保護貨物的安全，在避難港重裝、轉運、存倉時之合理費用。

(四)額外費用

係指公證費用、鑑定費用、訴訟費用等。

第三節　海上貨物運輸保險種類

一、基本險

(一)協會貨物條款A款險【Institute Cargo Clauses（A）】

倫敦保險協會於2009年1月1日推出新版的海上貨物保險條款，與舊條款全險條款（All Risks，簡稱AR）相類似。承保範圍最大、費率最高。因爲概括式承保，故承保範圍是除了保單規定的除外不保事項外，其餘皆承保，故其保單雖名爲全險，實際仍將某些事故所致之損失予以除外不保。

A款險除外不保事項如下：

1. 可歸因於被保險人之故意過失所引起者。
2. 保險標的之正常滲漏、正常失重、失量或正常耗損所引起者。
3. 不良或不當包裝或配置所引起者。
4. 保險標的之固有瑕疵或本身性質所引起者。
5. 主因爲遲延所引起者，即使遲延是因爲承保之危險所致者亦同。

6. 由於船舶之所有人、經理人、傭船人或營運之人因無力清償債務或因其財務糾紛所引起者。

7. 任何因使用原子、核子分裂或融合或其他類似反應,或放射性之武器所致者。

8. 不適航及不適運除外條款。

9. 兵險除外條款。

10. 罷工險除外條款。

(二)協會貨物條款B款險【Institute Cargo Clauses(B)】

與舊條款水漬險條款(With Particular Average,簡稱WA)相類似。承保範圍較ICC(A)小,為列舉式承保,僅承保保單上列舉之危險。

(三)協會貨物條款C款險【Institute Cargo Clauses(C)】

與舊條款平安險條款(Free of Particular Average,簡稱FPA)相類似。承保範圍最小、費率最低,為列舉式承保,僅承保保單上列舉之危險。依Incoterms 2010之規定,在CIF及CIP貿易條件下,如買賣契約未規定保險條款時,則賣方至少要投保ICC(C)或FPA險。

二、附加險

(一)協會貨物兵險條款【InstituteWar Clauses-Cargo】

承保因戰爭、內亂、革命、捕獲、遺棄之武器危險引起的損害或費用。與舊條款協會兵險條款〔Institute War Clauses(WR)〕相類似。承保責任於貨物在最終卸貨港卸離海船或到達最終卸貨港當日午夜起算屆滿十五天時終止。

(二)協會貨物罷工險條款【Institute Strikes Clauses-Cargo】

承保因罷工、停工、工潮、暴動或民眾騷擾人員所引起的損害或費用。與舊條款協會罷工暴動民眾騷擾險條款〔Institute Strikes, Riots and Civil Commotion Clauses(SRCC)〕相類似。

(三)協會貨物偷竊遺失險條款【Institute Theft Pilferage and Non-Delivery Clauses-Cargo】

與舊條款協會偷竊遺失險條款〔Institute Theft Pilferage and Non-Delivery Clauses(TPND)〕相類似。

三、Deductible & I.O.P. & Franchise

(一)Deductible

自負額或僅賠超額。自負額為被保險人之觀點，係指每一危險事故發生時，被保險人應先自行負擔某一定金額或比率之損失。僅賠超額則為保險人之觀點，保險標的物損害若超過一定額度或比率者，保險人也僅就超過部分之損害予以賠償。自負額條款用於損失頻率高而損失額度小之風險，其主要目的在於加強被保險人之警覺性，及省卻保險人處理小額索賠案手續之繁瑣，並可因而減少被保險人之保費負擔。

(二)I.O.P.（Irrespective of Percentage）

不計免賠額比率。無論貨物損害百分比多少，保險人都要理賠。

(三)Franchise

起賠額或免賠額。係指保險標的物損害未達一定額度或比率者，保險人不予賠償；如保險標的物的損害超過一定額度或比率者，保險人則就全部損害予以賠償。例如，某一次事故所發生之損失未達一定比率（如全部貨載之3%或5%），保險人不負賠償責任；若損失已達或超過該比率或額度時，則保險人負責補償全部損失。

第四節　海上貨物運輸保險責任的起訖

一般而言，貨物運輸保險單均以「倉庫到倉庫」（即Warehouse To Warehouse）方式承保，也就是說，保險標的為了要立即裝載至運輸車輛或其他運輸工具以準備起運，而於本保險契約所載明的倉庫或儲存處所開始移動時生效，並經正常的運送過程，以迄下述四種情況之一為止（即任何一種情況先發生，保險單之效力即行終止）：

1. 本保險契約所載明目的地最終倉庫或儲存處所，自運輸車輛或其他運輸工具完成卸貨。
2. 本保險契約所載明目的地或中途之任何倉庫或儲存處所，自運輸車輛或其他運輸工具完成卸貨，而為被保險人或其受僱人用作正常運輸過程以外之儲存或分配、分送。
3. 被保險人或其受僱人使用任何運輸車輛或其他運輸工具或任何貨櫃作為正常運輸過程以外之儲存。
4. 保險標的在最終卸貨港完全卸載後起延屆滿六十天。（空運貨物則在最終卸貨

機場完全卸載後起算屆滿三十天）

第五節　海運保險單據的種類及其相關規定

一、種類

(一)預約保險單或流動保險單（Open Policy，Open Cover或Floating Policy）

俗稱統保單，乃要保人為簡化多次多批貨物的投保手續，預先向保險人投保長期性、總括性的保險。保險單上只有一般保險條件，要保人於每次貨物裝運後，需對保險人提出詳細資料，以便保險人簽發保險證明書。

(二)保險單（Insurance Policy）

為世界公認之正式保險單據。國際貿易上所要求之保險單的性質多為：

1. 航程保險單

   保險標的物按照運送航程來承保的保險單。

2. 定值保險單

   保險單上訂明保險標的物之價值。

(三)保險證明書或聲明書（Insurance Certificate / Declaration）

要保人與保險人預先訂有長期性、總括性的保險契約，並由保險人簽發總括性的保險單，於每次貨物裝運後，要保人對保險人提出詳細資料後，保險人給予保險證明書。保險證明書之效力等同保險單，故目前一般信用狀均接受受益人提示保險證明書。

(四)預保單（To Be Declared Policy，簡稱TBD Policy）

在FOB或CFR條件下，開狀銀行為保障其融資安全，均要求進口商於開狀時提供保險單據，但進口商對進口貨物內容及裝運情況，常無法在船舶啟運前獲悉並照一般方式辦理保險，只能先提示未確定船名、航次及開航日期之預保單，保險人則在預保單的船舶名稱及開航日期兩欄填註 "To Be Declared"，待要保人於裝運後通知，再由保險人於保單上批註或簽發。

(五)暫保單或投保通知書（Cover Note, Binder）

保險契約訂立時，保險人對要保人所為之臨時收據。此乃保險人未正式簽發保險單之前，為證明保險契約已成立的臨時文件。除非信用狀中特別授權，否則銀行將拒絕接受暫保單。

二、UCP 600第28條有關保險單據之規定

1. 保險單據之簽發人：銀行接受保險公司、保險人或其代理人所簽發者。
2. 保險單據之份數：如正本超過一份時，全部正本則必須提示。
3. 除非信用狀特別授權，否則銀行不予接受保險經紀人所簽發之暫保單或投保通知書。
4. 接受預約保險單項下之保險證明書或聲明書。
5. 銀行不接受保險單據之簽發日期晚於運送單據之裝運日期。
6. 保險幣別應與信用狀同一貨幣。
7. 保險金額應依信用狀規定，如信用狀無規定時，以CIF或CIP的110%投保。
8. 保險單據得表明其承保範圍適用免賠額或僅賠超額（扣除免賠額）。

第六節　航空貨物保險

一、協會貨物航空險條款（Institute Cargo Clauses-AIR Cargo）

其承保範圍與協會貨物條款A款險類似。保險效力係貨物自載運飛機於最終目的地機場卸載完畢起屆滿三十日終止。

二、協會貨物航空兵險條款（Institute War Clauses-AIR Cargo）

其承保範圍與協會貨物兵險條款類似。

三、協會貨物航空罷工險條款（Institute Strikes Clauses-AIR Cargo）

其承保範圍與協會貨物罷工險條款類似。

第 二 部 分
輸出保險

第一節　輸出保險

輸出保險為國家政策性之保險，故非以營利為目的，乃為保障國內出口廠商因進口商信用及進口國政治因素所致損失獲得賠償。承保機構為中國輸出入銀行，承保進口商信用風險和進口國政治風險。目前輸出保險之種類計有：

1. 託收方式（D/P、D/A）輸出綜合保險。

2. 記帳方式（O/A）輸出綜合保險。

3. 中長期延付輸出保險。

4. 輸出融資綜合保險。

5. 普通輸出綜合保險。

6. 海外工程保險。

7. 海外投資保險。

8. 國際應收帳款輸出信用保險。

9. 信用狀出口保險。

10. 中小企業安心出口保險。

11. 全球通帳款保險。

一、託收方式（D/P、D/A）輸出綜合保險

(一)承保對象

本保險以一年期以下付款交單（D/P）或承兌交單（D/A）方式，由本國或由第三國輸出貨物之交易為保險對象。貨物如由第三國出口供應，該出口供應商須為我國廠商經政府核准或核備之對外投資設立。

(二)要保人及被保險人

出口廠商。

(三)保險標的

輸出貨款。

(四)承保範圍

被保險人在保險責任期間內，因發生下列信用危險或政治危險所致損失，輸銀負賠償責任。

1. 信用危險

(1)進口商宣告破產者。

(2)國外受託銀行憑輸出匯票向進口商為付款之通知（付款交單）、或為承兌之提示或承兌後之付款通知（承兌交單）時，進口商行蹤不明，經當地政府機關證明屬實者。

(3)以付款交單方式（D/P）輸出，進口商不付款。

(4)以承兌交單方式（D/A）輸出，進口商不承兌輸出匯票，或承兌輸出匯票後，到期不付款。

2. 政治危險

(1)輸出目的地政府實施禁止或限制進口或外匯交易。

(2)輸出目的地國家或地區發生戰爭、革命、內亂或天災等，以致中止貨物進口或外匯交易。

（貨物由第三國裝運出口者，因輸入目的地或轉口地政府禁止或限制進口所致損失，輸銀不負賠償責任。）

(五)保險價額與保險金額

保險金額以不超過保險價額之90%為限。

二、記帳方式（O/A）輸出綜合保險

(一)承保對象

本保險由本國出口廠商以記帳方式（Open Account, O/A）與國外進口廠商簽定買賣契約，輸出貨物者。貨物如由第三地供應商提供，該供應商需為我國廠商經政府核准或核備投資設立。

(二)要保人及被保險人
出口廠商。

(三)保險標的
輸出貨款。

(四)承保範圍
被保險人依買賣契約之約定輸出貨物，於保險期間內，因下列保險事故所致之損失，依保險契約之約定，負保險給付之責任。

1. 信用危險
(1)進口商宣告破產者。
(2)貨物輸出後，進口商不提貨者。
(3)進口商到期不付款者。

2. 政治危險
(1)輸出目的地政府實施禁止或限制進口或外匯交易。
(2)輸出目的地國家或地區發生戰爭、革命、內亂或天災，以致中止貨物進口或外匯交易者。

(五)保險價額與保險金額
保險金額以不超過保險價額之90%為限。

三、輸出融資綜合保險

(一)承保對象
本保險以融資銀行（要保人及被保險人）憑不可撤銷跟單信用狀，或託收方式（D/P、D/A），輸出綜合保險保險證明書辦理之輸出融資為承保對象。

(二)要保人及被保險人
融資銀行。

(三)保險標的
輸出融資金額。

(四)承保範圍

1. 出口廠商信用危險

   國內出口廠商違背其與融資銀行簽訂之貸款契約，不履行償還義務，致使融資銀行遭受損失之危險。

2. 國外信用危險

   國外進口商違背其與出口廠商簽訂之買賣契約，不履行義務，致使出口廠商遭受損失之危險。

3. 國外政治危險

   (1)輸出目的地政府實施禁止或限制外匯交易或限制貨物進口。

   (2)輸出目的地國家或地區發生戰爭、革命、內亂或天災等，以致中止外匯交易或貨物進口。

   (3)輸出目的地國家或地區以外，與本保險所承保之交易有關之政府實施禁止或限制外匯交易。

   (4)輸出目的地國家或地區以外，與本保險所承保之交易有關之國家或地區發生戰爭、革命、內亂或天災等，以致中止外匯交易。

   (5)輸出目的地國家或地區以外，與本保險所承保之交易有關之國家或地區發生戰爭、革命、內亂或天災等，以致輸出貨物中止運輸至目的地。

(五)保險價額與保險金額

保險金額以不超過保險價額之90%為限。

重點練習

( ) 1. 有關輸出融資綜合保險，下列敘述，何者錯誤？ (1)保險金額為保險價額的90% (2)以輸出融資金額為保險標的 (3)因出口商信用危險致融資不能收回之損失，不負責賠償 (4)係以融資銀行為要保人或被保險人。

( ) 2. 下列有關輸出保險之敘述，何者錯誤？ (1)是一種政策性保險 (2)保險金額有限制，無法按貨物價值全額投保 (3)出口商須承擔部分風險 (4)輸出保險不承保進口商因金融風暴倒閉，致出口商所生貨款之損失。

( ) 3. 出口商可向下列何者投保輸出保險？ (1)中央信託局 (2)外貿協會 (3)中國輸出入銀行 (4)中國生產力中心。

( ) 4. 輸出融資綜合保險的承保對象為 (1)出口商 (2)進口商 (3)融資銀行 (4)運送人。

( ) 5. 下列何者不屬於輸出保險之承保危險範圍？ (1)政治危險 (2)信用危險 (3)國家風險 (4)海上貨物基本危險。

( ) 6. 輸出保險是屬於下列哪一種保險？ (1)運輸保險 (2)商業性保險 (3)產物保險 (4)政策性保險。

( ) 7. 輸出保險係以出口商為要保人與被保險人，其保險標的為 (1)輸出貨物 (2)貿易條件 (3)貨款 (4)運輸航程。

( ) 8. 出口廠商於辦理輸出保險後，如需要資金融通，可出具下列何者向銀行取得週轉資金？ (1)要保書 (2)保險證明書 (3)貨物輸出通知書 (4)銀行保證函。

( ) 9. 海上貨物運輸保險所承保之危險是 (1)基本危險與特殊危險 (2)政治危險 (3)信用危險 (4)國家危險。

( ) 10. 協會貨物保險新條款之保險費率負擔最高的是 (1)ICC(C) (2)ICC(B) (3)ICC(A) (4)視保險貨物內容而定。

( ) 11. 貨物或船舶發生海損雖未達全部滅失但受損過鉅，救援或修理費用高於其價值者稱為 (1)共同海損 (2)推定全損 (3)單獨海損 (4)全損。

(　) 12. 由海難事故所造成的共同海損應由　(1)貨主負擔　(2)船東負擔　(3)貨主與船東比例分擔　(4)由肇事船隻分擔。

(　) 13. 海上貨物運輸保險金額一般係以　(1)發票金額加一倍　(2)發票金額加10%　(3)低於貨物發票金額　(4)信用狀金額投保。

(　) 14. 海上貨物運輸基本險之保險責任的終止係以　(1)保險單所記載之目的地受貨人倉庫或儲存處所　(2)保險單所記載之目的地之倉庫或儲存處所為正常運送過程以外的儲存　(3)被保險貨物自貨輪於最終卸貨港卸載完畢之日起屆滿60天　(4)以上三種終止情形以先發生者為準。

(　) 15. 在海上發生緊急危難時，船長為了避免船舶及貨物的共同危險所作處分而直接發生的犧牲及費用稱為　(1)單獨海損　(2)實際全損　(3)共同海損　(4)分損。

(　) 16. 投棄係屬於海損中的何種類型？　(1)推定全損　(2)實際全損　(3)單獨海損　(4)共同海損。

(　) 17. 下列何者不屬於貨物運輸海上基本危險？　(1)戰爭　(2)火災　(3)投棄　(4)觸礁。

(　) 18. 船舶承載之麵粉遭海水浸入，致全部泡水變成糊狀，則此項損失應屬於　(1)共同海損　(2)單獨海損　(3)推定全損　(4)實際全損。

(　) 19. 船貨在海上遇險時，若經由第三人非契約的任意施救行為而獲救時，其所支付該第三人的報酬，稱為　(1)施救費用　(2)單獨費用　(3)額外費用　(4)共同海損分擔。

(　) 20. TPND 保險是指　(1)平安險　(2)罷工險　(3)偷竊遺失險　(4)水漬險。

(　) 21. 投保兵險時，其保險人之兵險責任是終止於貨物在最終卸貨港卸離海船或到達最終卸貨港當日午夜起算屆滿　(1)45 天　(2)30 天　(3)15 天　(4)5 天。

(　) 22. 依據UCP 600 之規定，若保險單之生效日期較提單裝船日期為遲時，通常受理單證的銀行將如何處理？　(1)照單全收　(2)拒絕接受　(3)不置可否　(4)留待通知。

(　) 23. 依UCP 600 之規定，保險單之簽發日期原則不得遲於　(1)開狀日期　(2)裝

船日期　(3)押匯日期　(4)轉讓日期。

(　) 24. 有關保險單之敘述，下列何者錯誤？　(1)TBD 保單是屬於船名未確定保單
(2)若信用狀中規定 "Insurance Certificate in Duplicate"，則銀行將拒絕接受
保險單　(3)除非信用狀中特別授權，否則銀行將拒絕接受投保通知書
(4)一般海上貨運保單多屬於航程保單。

(　) 25. 有關Insurance Policy 與 Insurance Certificate兩者之敘述，下列何者錯誤？
(1)Insurance Policy 可供向保險索賠之用　(2)Insurance Certificate 為生效中
的保險證明　(3)兩者之保險效力不同　(4)兩者均可供做押匯之用。

(　) 26. 下列何者非保險單據之功用？　(1)保險契約成立之憑證　(2)得作成指示式
或無記名式同保險標的物一同轉讓　(3)在FOB、CFR 條件，保險單據為押
匯單據中重要文件　(4)保險事故發生時，保險單據向保險人請領賠款必要
證件。

(　) 27. a.預約保單（Open Policy）；b.保險單（Insurance Policy）；c.保險證明書
（Insurance Certificate）；d.投保通知書（Cover Note），請問以信用狀付
款的情況下，銀行接受上述何種保險單據？　(1)ab　(2)bc　(3)cd　(4)ad。

(　) 28. 依據UCP 600 之規定，下列何者所簽發之保險單據，銀行將不予接受？
(1)保險公司　(2)保險人　(3)保險人之代理人　(4)保險經紀人。

(　) 29. 保險單上記載TBD 係指　(1)保險費待通知　(2)保險條件待通知　(3)船
名、航次與開航日期待通知　(4)受益人待通知。

(　) 30. 海上貨物運輸保險的保險單均以「倉庫至倉庫」方式承保，其所指之倉庫
係為　(1)出口商的發貨倉庫　(2)出口商受領貨物的倉庫　(3)保險單載明的
航程起、訖運地點之倉庫　(4)供貨廠商的倉庫。

(　) 31. 以CIF或CIP條件出口時，出口商應於下列何時辦理投保手續，才能獲得充
分的保障？　(1)貨物裝船後　(2)辦理押匯的同時　(3)貨物交運前或裝船前
(4)船舶駛離裝船港。

(　) 32. 航空貨物保險，其保險效力係貨物自載運飛機於最終目的地機場卸載完畢
之日起屆滿多少天終止？　(1)10 天　(2)15天　(3)30 天　(4)60 天。

(　) 33. 下列何種原因所導致的遲延交貨，賣方仍需負責？　(1)天災　(2)戰爭

(3)罷工封鎖　(4)第三人的過失。

( ) 34. 依據UCP 600之規定，除信用狀另有規定外，保險金額之幣別須與下列何者同一貨幣表示？　(1)出口國家之貨幣　(2)進口國家之貨幣　(3)買賣雙方商議　(4)信用狀。

( ) 35. 協會貨物條款B條款與下列何者的承保範圍相類似？　(1)WR　(2)FPA　(3)AR　(4)WA。

( ) 36. 平安險的承保範圍與下列哪一協會貨物條款相似？　(1)A條款　(2)B條款　(3)C條款　(4)D 條款。

( ) 37. 下列何者不屬於ICC (A) 條款之除外不保的事項？　(1)保險標的物之固有瑕疵　(2)被保險人故意惡行所致的毀損滅失　(3)地震、火山爆發、雷擊等　(4)罷工、暴動或內亂。

( ) 38. 保險人未正式簽發保險單之前，為證明保險契約已成立因而簽發的一種臨時文件，稱為　(1)預約保險單　(2)暫保單　(3)預保單　(4)流動保險單。

( ) 39. 協會航空貨物險條款ICC（AIR），其承保範圍與下列何種條款大致相同？　(1)罷工險　(2)ICC(A)　(3)平安險　(4)ICC(B)。

( ) 40. 信用狀上要求投保SRCC，係指下列何種附加險？　(1)破損險　(2)戰爭險　(3)雨水險　(4)罷工、暴動、民眾騷擾險。

( ) 41. 以FOB或CFR條件進口時，進口商應於下列何時辦理投保手續，才能獲得完整的保障？　(1)貨物裝運後　(2)申請開發信用狀前或貨物裝運前　(3)提領貨物時　(4)船舶抵達進口港時。

( ) 42. 貨物運輸保險之賠款地點，除非另有規定外，通常是以下列何地為之？　(1)買方或貨物運輸的最終目的地　(2)賣方或貨物輸出地　(3)買賣雙方自行決定　(4)保險人決定。

( ) 43. 以出口商的立場要掌握保險品質，又要善用保險來做貿易的避險工具，最好以何種貿易條件出貨買保險？　(1)FOB　(2)CFR　(3)CIF　(4)CPT。

( ) 44. 買賣契約中規定，保險單上載明不計免賠額比率均要賠償之文字係為　(1)Deductible　(2)I.O.P（Irrespective of Percentage）　(3)Franchise　(4)Claim。

（　）45. 下列哪一項保險與國際貿易較不相關？　(1)貨物保險　(2)輸出信用保險　(3)產品責任保險　(4)旅行平安保險。

（　）46. 貨物運輸保險「單獨海損不賠」又稱為　(1)平安險　(2)水漬險　(3)特殊險　(4)全險。

（　）47. 依我國海商法規定，船舶失蹤經相當時間而無音訊，係屬於　(1)共同海損　(2)實際全損　(3)單獨海損　(4)推定全損。

（　）48. 貿易條件為CIP投保運輸保險時，除非特殊情況或L/C上另有規定外，通常以何者為保單上Assured？　(1)L/C受益人　(2)L/C申請人　(3)開狀銀行　(4)保險公司。

（　）49. 下列何者適用於國際貨物運輸保險？　(1)海牙規則　(2)華沙公約　(3)約克安特衛普規則　(4)華沙牛津規則。

（　）50. 本國廠商在「臺灣接單、大陸出口」下，以一年期以下D/P、D/A、O/A或L/C付款方式交易者，宜投保下列何種保險？　(1)輸出融資綜合保險　(2)境外貿易保險　(3)普通輸出保險　(4)海外投資保險。

（　）51. 協會保險條款(A)(B)(C)之保險有效期限：保險從貨物離開指定地之倉庫開始生效，到貨物在最後卸貨港完成卸貨之後幾天效力終止？　(1)30天　(2)45天　(3)60天　(4)90天。

（　）52. 關於貨物運輸保險之約定，下列何者錯誤？　(1)海上貨物保險又稱水險　(2)最低投保金額一般為CIF或CIP價值加一成　(3)在DES條件下，購買保險及支付保費的責任歸屬賣方　(4)保險金額為保險契約中所定的最低賠償額。

（　）53. 當貨物發生損壞，欲提出保險索賠時，下列處理方式何者最好？　(1)立即逕行檢驗並自己作成報告　(2)逕行找公證行檢驗，作成報告　(3)立即通知銀行找公證行，會同檢驗，作成公證報告　(4)立即通知保險人找公證行，會同檢驗，作成公證報告。

（　）54. 出口商為避免因進口地發生戰爭致貨物無法進口或無法收取貨款之損失，則可選擇投保　(1)兵險　(2)全險　(3)平安險　(4)輸出保險。

（　）55. 一般的貨物水險保單都是屬於　(1)航程保單　(2)定期保單　(3)航空保單

(4)增值分紅保單。

( ) 56. 貨輪駛往目的港的途中失火，船長為貨物安全採取緊急措施往船艙灌水施救，下列損害結果何者非屬共同海損？ (1)300 箱貨物因火災毀損 (2)400 箱貨物因灌水施救而毀損 (3)拖船費1,500 美元 (4)額外燃料費10,000 美元。

第十章

解答：

1.	2.	3.	4.	5.	6.	7.	8.	9.	10.
(3)	(4)	(3)	(3)	(4)	(4)	(3)	(2)	(1)	(3)
11.	12.	13.	14.	15.	16.	17.	18.	19.	20.
(2)	(3)	(2)	(4)	(3)	(4)	(1)	(4)	(1)	(3)
21.	22.	23.	24.	25.	26.	27.	28.	29.	30.
(3)	(2)	(2)	(2)	(3)	(3)	(2)	(4)	(3)	(3)
31.	32.	33.	34.	35.	36.	37.	38.	39.	40.
(3)	(3)	(4)	(4)	(4)	(3)	(3)	(2)	(2)	(4)
41.	42.	43.	44.	45.	46.	47.	48.	49.	50.
(2)	(1)	(3)	(2)	(4)	(1)	(4)	(1)	(3)	(2)
51.	52.	53.	54.	55.	56.				
(3)	(2)	(3)	(4)	(1)	(1)				

11

國際貨物運輸

第一節　傳統定期船之運送程序

定期船（Liner）是指在特定航線上，依照預定船期表（Sailing Schedule）作有規則往返航行的船隻。每一航線的定期船隻，其到港日、離港日、停靠之港口等有關資料，船公司或船務代理公司會發行分送給進出口商招攬承載，並在報紙船期版刊登廣告招攬客戶。定期船所承運貨物以一般貨物為主。

一、洽訂艙位＆領取裝貨單

出口商向船公司洽訂艙位，即由船公司簽發裝貨單（Shipping Order, S/O），出口商憑以辦理出口報關及裝船事宜。

二、出口報關、裝船＆領取大副收據

出口商憑裝貨單辦理出口報關、裝船後，船上大副在大副收據（Mate's Receipt, M/R）上簽字後交予託運人。

三、支付運費＆換領提單

出口商是否支付運費，視貿易條件決定。如貿易條件為FOB時，由進口商支付運費，提單上註明"Freight Collect"（運費後付）；如貿易條件為CFR、CIF時，由出口商支付運費，提單上註明"Freight Prepaid"（運費預付）。至於裝卸條件可分為：

(一)Berth Term

裝卸費用由船方負責，定期船多採此條件，故又稱定期船條件或碼頭條件。

(二)Free In（FI）

裝貨費用船方免責。

(三)Free Out（FO）

卸貨費用船方免責。

(四)Free In & Out（FIO）

裝卸費用船方免責，不定期船多採此條件。

出口商持大副收據向船公司換領提單（Bill of Lading，B/L），憑以辦理出口押匯。

四、出口押匯＆進口贖單

出口商持提單辦理押匯後，押匯銀行再將單據寄往開狀銀行求償，開狀銀行通知進口商贖單，進口商於付款贖單後，即可領回提單。

五、換領小提單＆進口報關、提貨

進口商持提單換取小提單（又稱提貨單，Delivery Order，簡稱D/O），憑以辦理進口報關及提貨事宜。

第二節　貨櫃運輸

一、貨櫃運輸的優點

(一)對運送人言

1. 裝卸迅速

加速船舶運轉，增加運量及運費收益，減少港口滯留時間，大幅降低裝卸成本。

2. 運輸安全

貨櫃可保護貨物運送安全，減少中途裝卸次數，防止盜竊、雨濕、損毀、減少貨物檢數錯誤，使貨物安全運達，減少運送人理賠案件，樹立信譽。

3. 減少運輸成本

貨物裝卸機械化，可節省工資支出，降低成本；貨櫃船停港時間縮短，可以節省港口費用；因貨物安全運送率提高，可大為減少理賠金額。

4. 增加營收

由於貨櫃運輸接送到戶，可擴大營運範圍；船舶裝卸運轉快速，縮短停港時間，增加航行次數，可提高運貨能量；甲板上可堆積貨櫃，增加載貨噸量等因素而大為增加營收。

(二)對託運人言

1. 節省貨運費用

貨櫃由船方供應，不需耗費昂貴之運輸包裝費用，減少裝卸搬運及轉運次數，可大為節省裝卸費用；因貨運安全性提高，保險費用比例降低；因一次託運可運抵目的地，不須中途辦理轉運、保險、報關等業務，作業簡化，自可節省各種手續費用；加快貨物運送，使資金運轉靈活，減輕利息負擔，亦可減低貨物成本。

2. 運送責任專一

貨櫃運輸作業簡化，一張載貨證券負起自起運地至目的地之全部責任，貨主不須顧慮貨損責任及索賠之困擾。

3. 貨物運送安全

因貨櫃外觀堅固，且貨物裝卸搬運次數減少，故不僅可以防止盜竊、損毀、雨濕等貨物損害，使貨物能安全運達外，亦可減少貨物保險費用的支出。

二、常見規格

(一)20呎櫃

尺寸為20'×8'×8.5'，稱20呎標準貨櫃（Twenty-Foot Equivalent Unit，簡稱TEU）。

(二)40呎櫃

尺寸為40'×8'×8.5'，稱40呎標準貨櫃（Forty-Foot Equivalent Unit，簡稱FEU）。

(三)高櫃

尺寸為40'×8'×9.5'，簡稱HQ（Hi-Cube Container）。

三、貨櫃船的種類

1. 常見的有全貨櫃船、半全貨櫃船、可變貨櫃船、駛進駛出型貨櫃船、吊上吊下型貨櫃船及子母船。
2. 子母船（LASH）：其設計係以母船（LASH Ship）、子船（LASH Lighter）及母船起重機（LASH Crane）三者所構成，故稱子母船。每一子母船可混合承載數十艘子船及貨櫃，每一子船相當於一大型貨櫃。母船到港後毋須繫泊碼頭，可利用船上起重設備，以子船裝卸。

四、貨櫃運輸作業方式

(一)整櫃（FCL）

當貨物足以裝滿一個或數個貨櫃時，通常由託運人至船公司貨櫃場（CY）領回空櫃後，再由託運人自行負責裝櫃、報關、封櫃、運送至船公司貨櫃場以便裝船，或由受貨人自行負責將到達之整櫃拖至其自有倉庫拆櫃、報關及點貨，再將空櫃交還船公司貨櫃場，所有貨物堆積、包裝、理貨點數均由貨方負責。

(二)併櫃（LCL）

當貨物不足以裝滿一個貨櫃時，通常由託運人將貨物運至船公司貨櫃集散站（CFS），經報關後，交船公司與其他託運人之貨物合併裝櫃；或託運人雖有足夠一櫃貨物，因故不能自行裝櫃者，亦可交船公司裝櫃，卸貨時亦同。

(三)專有名詞

1. 貨櫃場

   Container Yard，簡稱CY。

2. 貨櫃集散站

   Container Freight Station，簡稱CFS。

3. 整櫃裝載

Full Container Load，簡稱FCL。

4. 併櫃裝載

Less Container Load，簡稱LCL。

五、貨櫃運輸作業方式

(一)整裝／整拆（CY/CY, FCL/FCL）

同一託運人及同一受貨人，故由託運人自行裝櫃，受貨人自行拆櫃。

(二)整裝／併拆（CY/CFS, FCL/LCL）

同一託運人及不同受貨人，故由託運人自行裝櫃，船公司負責拆櫃。

(三)併裝／併拆（CFS/CFS, LCL/LCL）

不同託運人及不同受貨人，故由船公司負責裝櫃及拆櫃。

(四)併裝／整拆（CFS/CY, LCL/FCL）

不同託運人及同一受貨人，故由船公司負責裝櫃，受貨人自行拆櫃。

第三節　複合運送

一、複合運送之定義

複合運送（Multimodal Transportation）係指貨物須以兩種以上不同運輸工具才能到達目的地。其所簽發涵蓋全程的運送單據，稱為複合運送單據。

二、複合運送之種類

(一)陸橋運輸（Land Bridge Service）

「海運→陸運→海運」之運送方式。海運貨櫃與橫越大陸鐵路聯合作業，由火車將貨櫃越州運至對岸口，再交另一貨櫃船運至目的地。如遠東至歐洲之貨櫃運輸，均可利用橫越美國或蘇聯之鐵路從事陸橋作業運送。

(二)小型陸橋運輸（Mini-Land-Bridge Service，簡稱MLB）

「海運→陸運」或「陸運→海運」之運送方式，又稱迷你陸橋運輸。即貨櫃與橫越大陸之鐵路聯合作業，以節省海運繞道路程。如遠東至美國東岸貨物先在美國西岸卸下，再轉火車運至東岸各港，因只占陸橋作業一部分，故稱小型陸橋作業。

(三)微陸橋運輸（Micro-Land -Bridge Service，簡稱MBS）

遠東地區貨物在美國西岸卸下後，利用內陸運輸運往美國中西部之目的地。即美國港口至附近地區或內陸城市間貨櫃運輸聯運作業。

三、陸路共同地點作業（Overland Common Point Service，簡稱OCP）

遠東地區貨物在美國西岸卸下後，利用內陸運輸運往美國中部及東部地區（洛磯山以東內陸各州）。此項運輸型態是為配合美加地區內陸系統而設，海運運送人只負責至海運終點，之後即由內陸運送人負責運送。依「聯合國國際貨物複合運送公約」規定：「為履行單一方式運送契約而進行該契約所規定的貨物接送業務，不視為國際複合運送，故OCP並非複合運送。」

第四節　海運提單的內容

一、提單關係人

(一)託運人（Shipper, Consignor）
通常為賣方，即信用狀之受益人。

(二)被通知人（Notify Party）
通常為買方或其代理人或報關行。

(三)受貨人（Consignee）
視信用狀之規定，如信用狀無規定，則以託運人為之。

(四)運送人（Carrier）
船公司。

二、船舶相關資料

　　船舶名稱及航次。

三、運送相關資料

　　裝運港、卸貨港。

四、貨物相關資料

　　包裝嘜頭、貨物名稱、件數、重量及材積噸。

五、提單相關資料

　　提單份數、提單發行日期、提單簽名。

第五節　海運提單的種類

一、依貨物是否裝船分

　　(一)裝運提單（On Board B/L）
　　貨物實際裝上船舶後所簽發。

　　(二)備運提單（Received for Shipment B/L或Received B/L）
　　貨物交予船公司，但尚未裝運時所簽發，銀行多不接受此種提單。

二、依提單可否轉讓分

　　(一)不可轉讓提單（Non-Negotiable B/L）
　　又稱記名式提單或直接提單（Straight B/L）。其在提單上Consignee欄內之表示方法為：

　　To＋受貨人（或Unto＋受貨人、Consigned to＋受貨人），如：To Buyer、To Shipper、To Issuing Bank。其中To Buyer對受益人及開狀銀行最不利，因失去對貨物之控制權，故實務上通常在進口商已預付貨款時使用。

(二)可轉讓提單（Negotiable B/L）

又稱指示式提單（Order B/L），可透過背書將提單上所表彰的貨物所有權轉讓予他人。其在提單上Consignee欄內之表示方法為：

To Order＋受貨人（或To Bearer＋受貨人），如：To Order、To Order of Shipper、To Order of Issuing Bank。To Order為待指定或空白抬頭之意，即提單上不填寫受貨人名稱，轉讓時則由託運人背書，但為避免糾紛，宜使用To Order of Shipper，兩者銀行皆視為良好擔保品。

(三)提單之背書

1. 空白背書（Blank Endorsement）
   僅由背書人簽名，而不記載被背書人姓名者。

2. 記名背書（Special Endorsement）
   除由背書人簽名外，尚須記載被背書人姓名。

三、依提單有無批註分

(一)清潔提單（Clean B/L）
提單上表明對貨物外表狀況無不良批註者。

(二)不清潔提單（Unclean B/L）
提單上表明對貨物外表狀況有不良批註者。此類提單銀行多不接受。

四、依其提單內容詳簡分

(一)詳式（長式）提單（Long Form B/L）
提單背面印有詳細條款，規範運送契約關係人之權利義務。

(二)簡式（短式）提單（Short Form B/L）
提單背面沒有印有詳細條款，故又稱背面空白條款。除信用狀另有規定外，銀行將接受此提單。

五、其他種類提單

(一)複合或聯合運送單據（Multimodal Transport Document，簡稱MTD；或 Combined Transport B/L）

涵蓋至少兩種不同運送方式的運送單據。

(二)貨運承攬人收據（Forwarder's Cargo Receipt，簡稱FCR）

貨運承攬業者收到託運人貨物時，所簽發給託運人的收據。

(三)傭船提單（Charter Party B/L）

依傭船人與船東訂定傭船契約所簽發的提單。

(四)貨櫃提單（Container B/L）

貨物以貨櫃方式運送者，船公司將簽發貨櫃提單。貨櫃提單上如載有：(1) "Shipper's load, count & seal"（託運人自行裝運、點數及封櫃），(2)"Said by shipper to contain"（內裝由託運人陳報）之字樣者，為整櫃（CY）運送。

(五)第三者提單（Third Party B/L）

以信用狀受益人以外之第三者為託運人的提單。

(六)陳舊提單（Stale B/L）

又稱過期提單，指未能於裝運日後21曆日間內，向銀行提示的提單。

(七)聯運提單（Through B/L）

貨物自裝運港至目的港須由兩個以上之運送人運送時，由第一運送人簽發涵蓋全程的提單。

(八)甲板提單（Deck B/L）

貨物裝於甲板時，因易遭風吹日曬雨淋，為保障進口商之利益，除信用狀許可，銀行將不接受此種提單。

(九)電放提單（Surrendered B/L）

出口地船公司將所發行之全套正本提單收回，而交付出口商蓋有電放的副本提單以資證明。另外並以電報通知進口地分行：「提單已收回，請放行貨物予受貨人。」

第六節　空運提單的種類

一、航空分提單（House Air Waybill，簡稱HAWB）

由航空貨運承攬業者所簽發。提單號碼為英文加阿拉伯數字，前三碼為英文，為貨運承攬業者公司英文代號；後為流水號碼，為業者自己編列。

二、航空主提單（Master Air Waybill，簡稱MAWB）

由航空公司或其代理人所簽發。提單號碼全部為阿拉伯數字，前三碼為航空公司代碼或IATA統一編號，後八碼為流水號碼，為航空公司自己編列不超過八碼之號碼。

第七節　海運提單、海運貨單及空運提單之功能

功能＼種類	海運提單（Bill of Lading）	海運貨單（Seaway Bill）	空運提單（Airway Bill）
貨物收據	○	○	○
運送契約	○	○	○
物權證書	○	×	×
可否轉讓	○	×	×
提貨方式	認單不認人（以提單換取小提單後，再以小提單辦理進口通關及提貨事宜。）	認人不認單（只要證明其為提單上之受貨人，即可憑身分提貨。）	認人不認單（只要證明其為提單上之受貨人，即可憑身分提貨。）

第八節　海運及空運提單之份數

一、海運提單

正本份數通常以三份最普遍。出口商多憑全套提單押匯，進口商則只須憑一份提單

即可提貨（提單每份效力相同，故一份用於提貨，其餘立即作廢）。

(一)Full Set B/L（全套提單）

信用狀上規定"Full Set original clean on board B/L"，代表受益人押匯時需提示全套正本提單。

(二)2/3 Set B/L（2/3套提單）

信用狀上規定 "2/3 Set original clean on board B/L"，代表船公司發行三份正本提單，受益人押匯時需提示兩份，剩下的一份通常由受益人直接寄給進口商辦理副提單背書之用。

二、空運提單

正本份數一式三聯，各聯作用為：

(一)第一份正本（Original 1）
會計聯，航空公司入帳用。

(二)第二份正本（Original 2）
提貨聯，隨同貨物至目的地交予受貨人，作為進口報關、提貨用。

(三)第三份正本（Original 3）
押匯聯，交託運人辦理押匯用。

重點練習

( ) 1. 有關HAWB的提單號碼,實務上以下列何者編製?　(1)前三碼是阿拉伯數字　(2)全部是阿拉伯數字　(3)以航空公司英文名稱字首縮寫表示　(4)以空運承攬業者的英文名稱字首縮寫表示。

( ) 2. MAWB與HAWB最大的不同點是　(1)簽發人　(2)貨物收據　(3)運輸契約憑證　(4)提貨功能。

( ) 3. 航空公司於承運貨物時,簽發給承攬業者或併裝業者之提單,稱為　(1)MAWB　(2)HAWB　(3)FCR　(4)MTD。

( ) 4. 依華沙公約之規定,空運貨物承運人對貨物的最高賠償責任為1公斤多少美元?　(1)50　(2)30　(3)20　(4)10。

( ) 5. 正本空運提單為一式三聯,出口商應持下列哪一聯至銀行辦理押匯?　(1)Original 1　(2)Original 2　(3)Original 3　(4)Original 4。

( ) 6. 定期船的裝卸條件依世界航運習慣為　(1)FIO條件　(2)FO條件　(3)FI條件　(4)Berth Term條件。

( ) 7. 20呎貨櫃簡稱為　(1)FEU　(2)TEU　(3)HQ　(4)OCP。

( ) 8. 空運運費表中,最低運費之等級代號為　(1)Q、N　(2)R、S　(3)C　(4)M。

( ) 9. 海運提單是由下列何者簽發?　(1)出口地的船公司　(2)進口地的船公司　(3)報關行　(4)港務局。

( ) 10. 下列何者為併裝／整拆?　(1)FCL/FCL　(2)FCL/LCL　(3)LCL/FCL　(4)LCL/LCL。

( ) 11. CFS/CY 在起運地之裝櫃作業及目的地之拆櫃作業分別由何者負責?　(1)託運人,受貨人　(2)船公司,受貨人　(3)託運人,船公司　(4)船公司,託運人。

( ) 12. HAWB是由下列何者簽發?　(1)航空公司　(2)航空貨運代理商　(3)航空貨運承攬業者　(4)國際航空運輸協會。

( ) 13. 直接提單又稱為　(1)不可轉讓提單　(2)主提單　(3)備運提單　(4)可轉讓

提單。

( ) 14. Short Form Bill of Lading 又稱為 (1)背面空白提單 (2)可轉讓提單 (3)分提單 (4)備運提單。

( ) 15. Charter Party B/L 是指 (1)簡式提單 (2)備運提單 (3)傭船提單 (4)不可轉讓提單。

( ) 16. 運送人為防止誤遭索賠,收貨時如貨物或包裝有瑕疵,會將該狀況載明於提單上,該提單稱為 (1)Stale B/L (2)Received for Shipment B/L (3)Unclean B/L (4)On Board B/L。

( ) 17. 若提單之託運人(Shipper)非為信用狀之受益人,則該提單稱為 (1)Through B/L (2)Received for Shipment B/L (3)Combined Transport B/L (4)Third Party B/L。

( ) 18. MAWB提貨時是 (1)認單不認人 (2)認人不認單 (3)須經過背書 (4)完全與海運提單相同,只要證明其為提單上之受貨人即可。

( ) 19. 出口商於何時取得S/O? (1)洽妥艙位時 (2)出口檢驗時 (3)貨物裝船時 (4)出口簽證時。

( ) 20. 在進口地提貨時,由進口商以B/L 去換領之單據是 (1)Delivery Order (2)Shipping Order (3)Bill of Lading (4)Cargo Receipt。

( ) 21. 海運提單不具備下列何種功能? (1)直接提貨 (2)貨物收據 (3)運送契約 (4)表彰貨物所有權。

( ) 22. 下列何種裝運條件對出口商安排船期較有彈性? (1)Shipment during July (2)Prompt Shipment (3)Shipment on 20th July (4)Immediate Shipment。

( ) 23. 國際貨運承運人對於油料或燃料漲價而增列之附加費用稱為 (1)CAF (2)BAF (3)THC (4)PSS。

( ) 24. 裝船通知(Shipping Advice)是由a.出口商;b.船公司或貨運承攬業者;c.港務局;d.進口商等四單位中的誰寄給誰? (1)b→d (2)c→d (3)a→c (4)a→d。

( ) 25. 陸橋作業係陸運與下列何種運送方式配合之複合運送? (1)海運 (2)內陸

水運　(3)陸運　(4)空運。

(　) 26. 海運提單應載明之事項，不包括下列哪一項目？　(1)船舶名稱及航次　(2)託運人名稱及地址　(3)包裝嘜頭、貨物名稱、件數、重量及材積噸　(4)貨物價值。

(　) 27. 依UCP 600 之規定，下列何種提單不被銀行所接受？　(1)On Board B/L　(2)Unclean B/L　(3)Short Form B/L　(4)Third Party B/L。

(　) 28. 對貨主而言，以下哪一點不是貨櫃運輸之優點？　(1)免除貨物包裝費用　(2)減少被竊損失　(3)減少貨物搬運破損　(4)減少裝卸及倉儲費用。

(　) 29. 一般用以裝運車輛、鋼板、木材、電纜的貨櫃為　(1)乾貨貨櫃　(2)平板貨櫃　(3)冷藏貨櫃　(4)開頂貨櫃。

(　) 30. 海運貨物如按重量噸計算運費，主要是依據下列何種重量？　(1)Gross Weight　(2)Net Weight　(3)Net Net Weight　(4)Tare Weight。

(　) 31. 空運貨物之託運，將貨物運到機場進倉庫須經多少小時後，始可報關檢驗放行？　(1)12 小時　(2)24 小時　(3)36 小時　(4)48 小時。

(　) 32. 提單上以預先印定措辭表明貨物業已裝載或裝運於標名之船舶，則提單上之何種日期將視為裝載日期及裝運日期？　(1)接管日期　(2)簽發日期　(3)接收貨物日期　(4)收取單據日期。

(　) 33. 下列何者不屬於海運運費的附屬費？　(1)超重費　(2)超長費　(3)更改卸貨港費　(4)文件製作費。

(　) 34. 貴重物品如珠寶、鑽石等，其計算運費之單位是以下列何種方式計費？　(1)體積噸　(2)重量噸　(3)論件法　(4)從價法。

(　) 35. 空運運費以體積重量作為計價重量時，1 公斤等於多少立方吋？　(1)366　(2)6,000　(3)1,728　(4)35.315。

(　) 36. 關於不可轉讓海運貨單（Sea Waybill），下列敘述，何者正確？　(1)認單不認人　(2)認人不認單　(3)認人後認單　(4)認單又認人。

(　) 37. 除信用狀另有規定外，通常提單之內容不須記載下列何項？　(1)貨物名稱及件數　(2)貿易條件　(3)被通知人　(4)提單份數。

（　）38. 海運提單上註明 "said to contain" 字樣，係指該批貨物運送方式應為
(1)CY　(2)CFS　(3)LCL　(4)CIF。

（　）39. 海運提單上註明 "shipper's load and count"，下列解釋何者錯誤？　(1)船公司發行整櫃提單上所加的條款　(2)除L/C另有規定外，銀行將不接受含有上述條款之提單　(3)運送人對貨櫃內所裝貨物是否與提單上記載相符不負責　(4)運送人對裝櫃之不適當而引起損害不負賠償責任。

（　）40. 若信用狀上規定提單必須 "Endorsed in Blank"，意指該份提單須如何處理？
(1)指示背書　(2)記名背書　(3)空白背書　(4)不須背書。

（　）41. 提單上受貨人（Consignee）欄如為 "To order of issuing bank"，是指提單必須經由何人背書後，才能提貨？　(1)押匯銀行　(2)保兌銀行　(3)通知銀行
(4)開狀銀行。

（　）42. 如海運提單上表明受貨人為 "to order" 時，則該提單應由下列何者背書始能流通轉讓？　(1)押匯銀行　(2)開狀銀行　(3)補償銀行　(4)託運人。

（　）43. Forwarder's Cargo Receipt係由下列何者簽發？　(1)船公司　(2)經營物流業者　(3)貨櫃集散站　(4)貨運承攬業者。

（　）44. Multimodal Transportation 係指　(1)兩種貨物混合運送　(2)兩種以上不同運輸方式　(3)國內複合運送　(4)單一方式運送。

（　）45. 下列哪一種B/L不是物權證券？　(1)Airway Bill　(2)Marine B/L　(3)Charter Party B/L　(4)Third Party B/L。

（　）46. 下列何者運送方式適合同一託運人（Shipper）及同一受貨人（Consignee）？　(1)CY/CFS　(2)CY/CY　(3)CFS/CY　(4)CFS/CFS。

（　）47. 提單（B/L）所載之被通知人（Notify Party）通常為下列何者？　(1)買方或其代理人或其報關行　(2)通知銀行　(3)保兌銀行　(4)押匯銀行。

（　）48. 在定期船的運費結構中，CAF是代表　(1)超大附加費　(2)燃料調整因素
(3)幣值調整因素　(4)港口壅塞附加費。

（　）49. 航空快遞業務（Air Express Service）公司派專人從發貨人處提取貨物後，運抵目的地由專人提貨辦妥通關手續後，直接送達收貨人，此種運輸方式稱為　(1)Door to Customs Service　(2)Door to Door Service　(3)Door to

Warehouse Service　(4)Door to Factory Service。

(　) 50. 對空運運費的敘述，下列何者錯誤？　(1)費率由IATA 制定　(2)重量愈重，費率愈低　(3)運費基準以公斤或磅為單位　(4)運費收費無起碼運費。

(　) 51. 有關空運提單之敘述，下列何者錯誤？　(1)具物權憑證　(2)作為運送契約　(3)作為貨物收據　(4)不能轉讓。

(　) 52. 海運貨單（Sea Waybill）與承攬運送收據（Forwarder's Cargo Receipt）具備下列哪一項共同特質？　(1)物權單據　(2)運送契約　(3)貨物收據　(4)可轉讓之單據。

(　) 53. 買方若採CWO 付款方式時，應要求提單上之受貨人欄如何填寫，較有利？　(1)To order of shipper　(2)To Buyer　(3)To order of Issuing Bank　(4)To Issuing Bank。

(　) 54. 出口商出貨後，即向運送人提出電報放貨申請，然後直接在貨物運抵目的地時，將貨物交給下列何者？　(1)進口商　(2)船務公司代理人　(3)倉儲公司人員　(4)海關。

(　) 55. L/C中規定提單（B/L）上Consignee的表示方式，下列哪一項對出口商最有利？　(1)To order of shipper　(2)To order of Issuing Bank　(3)To Buyer　(4)To Issuing Bank。

(　) 56. 貨櫃運輸之運輸路線所稱 "Land Bridge"，係採下列哪一種複合運送？　(1)海—陸—海　(2)海—陸　(3)陸—海—陸　(4)海—陸—陸。

(　) 57. A 公司接到B公司寄來的Clean on Board B/L，提貨後發現貨品品質有瑕疵及不良品，請問A 公司應向誰索賠？　(1)船公司　(2)保險公司　(3)B公司　(4)自認倒楣。

(　) 58. 船公司報出 "All In" 之運費時，下列何者不包括在內？　(1)幣值附加費　(2)基本費率　(3)貨櫃處理費　(4)轉船附屬費。

(　) 59. 貨物自遠東地區運往美國中部或東部之運輸作業能利用下列哪一種方式？　(1)BAF　(2)OCP　(3)LASH　(4)CAF。

(　) 60. 實務上常見信用狀規定 "2/3 set of clean on board Bill of Lading"，此句意指　(1)發行二份正本提單只需提示一份　(2)發行三份正本提單只需提示一份

(3)發行三份正本提單只需提示二份　(4)發行二份正本提單只需提示三份。

(　　)61. 下列何者為必須經過背書才能轉讓的提單？　(1)直接提單　(2)記名提單　(3)指示式提單　(4)海運貨單。

(　　)62. 提單上所載明之裝船日期不可作為　(1)判斷是否超過輸入許可證有效期　(2)判斷是否符合信用狀裝船期限　(3)判斷是否延遲押匯　(4)判斷是否為清潔提單。

(　　)63. 貨主持有HAWB，貨物一旦發生運送糾紛，貨主可向誰主張權利？　(1)國際航空運輸協會　(2)航空公司　(3)航空貨運代理公司　(4)航空貨運承攬業者。

(　　)64. 下列何者適用於國際海上貨物運輸？　(1)海牙規則　(2)華沙公約　(3)約克安特衛普規則　(4)華沙牛津規則。

(　　)65. 貨物須以兩種以上不同運輸工具才能到達目的地時所簽發涵蓋全程的運送單據，稱為　(1)承攬運送人簽發之運送單據　(2)複合運送單據　(3)傭船提單　(4)海運貨單。

(　　)66. 假設外銷貨品體積大而重量輕，計有550箱，每箱體積30"×20"×20"，則最佳裝櫃方式為　(1)二個FEU　(2)二個TEU　(3)一個FEU　(4)四個TEU。

(　　)67. 有關Air Waybill之特性，下列敘述，何者正確？　(1)背書轉讓性　(2)流通性　(3)受貨人採記名式　(4)屬有價證券。

(　　)68. 當出口地的船公司所發行之海運提單全套收回後，以FAX通知進口地船公司放貨，稱為　(1)Clean B/L　(2)Stale B/L　(3)Surrendered B/L　(4)Combined Transport B/L。

(　　)69. 海運提單的表面條款記載 "one of which being accomplished, the others to stand void"，若發行份數為4份，則當提出幾份時，其餘海運提單變成無效？　(1)1份　(2)2份　(3)3份　(4)4份。

(　　)70. 就國際複合一貫運輸而言，貨物由基隆港海上運輸至美國西岸，再利用鐵路運至東岸，最後利用海運運送至歐洲，此種運送方式稱為　(1)MLB　(2)LBS　(3)MBS　(4)LASH。

(　　)71. 美國大賣場委託在臺代理商向一供應商購入雜貨一櫃，擬將進口貨分散至

各地分店，則代理商以何種裝運方式最合適？　(1)CFS-CY　(2)CY-CFS (3)CY-CY　(4)CFS-CFS。

(　) 72. 實務上CFS裝櫃配貨，下列何者不適當？　(1)成衣與布匹　(2)鐵釘與螺帽 (3)茶葉與肥料　(4)罐頭與醬油。

(　) 73. 有關空運運送，下列敘述，何者錯誤？　(1)空運運送不可適用貨櫃運送 (2)未向航空公司投保時，有關保險金額欄位則記載為NIL　(3)若託運高價 值貨品，可向運送人申報價值，但若未申報價值時，則標示NVD　(4)實務 上可將空運提單做副提單背書。

(　) 74. 運送人簽發清潔提單後，若有下列何種狀況，運送人可以不賠？　(1)部分 貨物數量不足　(2)部分貨物嚴重破損　(3)部分貨物外包裝完好，但箱內貨 物短缺　(4)提單未加註 "shipper's load and count"。

(　) 75. 海運提單（Ocean B/L）上，如加註 "Freight Collect" 字樣，則其貿易條件 為　(1)FOB　(2)CFR　(3)CIF　(4)CIP。

(　) 76. 海運提單（Ocean B/L）上，如加註 "Freight Prepaid" 字樣，則其貿易條件 為　(1)EXW　(2)FAS　(3)FOB　(4)CFR。

第十一章

解答：

1.	2.	3.	4.	5.	6.	7.	8.	9.	10.
(4)	(1)	(1)	(3)	(3)	(4)	(2)	(4)	(1)	(3)
11.	12.	13.	14.	15.	16.	17.	18.	19.	20.
(2)	(3)	(1)	(1)	(3)	(3)	(4)	(2)	(1)	(1)
21.	22.	23.	24.	25.	26.	27.	28.	29.	30.
(1)	(1)	(2)	(4)	(1)	(4)	(2)	(1)	(2)	(1)
31.	32.	33.	34.	35.	36.	37.	38.	39.	40.
(1)	(2)	(4)	(4)	(1)	(2)	(2)	(1)	(2)	(3)
41.	42.	43.	44.	45.	46.	47.	48.	49.	50.
(4)	(4)	(4)	(2)	(1)	(2)	(1)	(3)	(2)	(4)
51.	52.	53.	54.	55.	56.	57.	58.	59.	60.
(1)	(3)	(2)	(1)	(1)	(1)	(3)	(3)	(2)	(3)
61.	62.	63.	64.	65.	66.	67.	68.	69.	70.
(3)	(4)	(4)	(1)	(2)	(1)	(3)	(3)	(1)	(2)
71.	72.	73.	74.	75.	76.				
(2)	(3)	(1)	(3)	(1)	(4)				

模擬試題

第一回合

( ) 1. 在國外參展向客戶介紹商品規格時，應該抱持著何種態度？　(1)視客戶與自己的關係而決定　(2)可以誇大商品品質　(3)不論對象是誰，均應詳細與其解說　(4)看客戶的採購數量多寡決定。

( ) 2. 貿易從業人員經手國外客戶資料時，下列何者正確？　(1)應保守機密　(2)販售給競爭同業　(3)販售給名單業者　(4)未經公司許可大肆宣傳。

( ) 3. 我國為表揚前一年出進口實績前十名及出口成長率前十名之績優廠商所頒發之獎項稱為　(1)金商獎　(2)金貿獎　(3)小巨人獎　(4)磐石獎。

( ) 4. 我國目前貿易業務主管機關是　(1)中央銀行外匯局　(2)財政部金融局　(3)經濟部國際貿易局　(4)行政院經濟建設委員會。

( ) 5. 下列何者是國際貿易的客體？　(1)貿易商　(2)進口商　(3)貨品　(4)出口商。

( ) 6. 出口商在從事國際貿易時，應辦理事項如下：a.簽訂買賣契約；b.辦理出口押匯；c.接受信用狀；d.報價；e.貨物裝運，其出口正確次序為　(1)dacbe　(2)daecb　(3)cdaeb　(4)daceb。

( ) 7. 下列何者不是信用調查的項目？　(1)資本額　(2)損益情形　(3)營業能力

(4)員工福利。

(　) 8. 在海關的貿易統計項目中，不包含下列哪一項交易？　(1)機器設備　(2)原料　(3)技術　(4)紡織品。

(　) 9. 下列何者非目前我國出口貨物通關手續中之必要流程？　(1)驗貨　(2)放行　(3)收單　(4)繳納關稅。

(　) 10. 進口大陸貓熊之檢疫機構係　(1)標準檢驗局　(2)農委會動植物防疫檢疫局　(3)關稅局　(4)國際貿易局。

(　) 11. 有關我國推廣貿易服務費之敘述，下列何者正確？　(1)只針對進口貨物徵收　(2)進口貨物按其FOB價值課徵一定之費率　(3)進口貨物按其CIF價值課徵一定之費率　(4)出口貨物按其CIF價值課徵一定之費率。

(　) 12. 進口貨物在輸出或產製國家之製造、生產、銷售、運輸過程，直接或間接領受補貼，致損害中華民國產業者，除依海關進口稅則徵收關稅外，得另徵適當　(1)平衡稅　(2)反傾銷稅　(3)報復關稅　(4)機動關稅。

(　) 13. 非以輸出為常業之個人（指未向貿易局辦理登記者），輸出貨品之離岸價格（FOB）超過美金二萬元者，應向下列何處申請簽證？　(1)國際貿易局　(2)外匯指定銀行　(3)海關　(4)經濟部商業司。

(　) 14. 下列哪一機構可應貿易廠商之請求，簽發原產地證明書？　(1)臺北關稅局　(2)標準檢驗局　(3)智慧財產局　(4)公平交易委員會。

(　) 15. 有關輸出許可證之內容，下列哪一項除專案核准外不得修改？　(1)貨品名稱　(2)收貨人　(3)申請人　(4)貿易條件。

(　) 16. 依Incoterms 2010之規定，下列貿易條件何者屬Shipped Quality Terms？　(1)FOB　(2)DAT　(3)DAP　(4)DDP。

(　) 17. 以 CE Mark 約定品質是　(1)規格交易　(2)標準品交易　(3)說明書交易　(4)商標交易。

(　) 18. UL屬於　(1)公認之國際標準　(2)美國電器品標準　(3)客戶自定之標準　(4)中華民國國家標準。

(　) 19. 下列付款條件之解釋，何者正確？　(1)COD：預付貨款　(2)CAD：貨到付

款 (3)CWO：憑單據付款 (4)Installment：分期付款。

( ) 20. 一般情況下，汽車專用船進口之車輛其包裝種類屬於 (1)散裝貨物 (2)裸裝貨物 (3)包裝貨物 (4)捆裝貨物。

( ) 21. 契約中交貨條件：Shipment in the beginning of July 是指約在何時裝運？ (1)7月1日 (2)7月5日 (3)7月1～5日 (4)7月1～10日。

( ) 22. 國貿實務中計算海運運費經常用體積噸（CBM），1CBM約為 (1)35.315 立方吋 (2)35.315 立方公尺 (3)35.315 立方公分 (4)35.315 材。

( ) 23. 光票託收係指以何種單證委託銀行代為收款？ (1)Financial Documents (2)Transport Documents (3)Commercial Documents (4)Contract Documents。

( ) 24. Please return the damaged goods. We will replace them free of _____ . (1)expense (2)charge (3)pay (4)payment

( ) 25. Thank you for your enquiry _____ October 12 concerning DVD players. (1)date (2)dating (3)of (4)on

( ) 26. We trust that the _____ will reach you in perfect condition. (1)packing (2)shipping (3)consignment (4)assignment

( ) 27. Owing to a fire in our warehouse, we have to _____ the shipping date to August 15. (1)cancel (2)schedule (3)postpone (4)forward

( ) 28. Payment will be made by bank _____ . (1)transport (2)transaction (3)transit (4)transfer

( ) 29. _____ our latest catalog and price list for your reference. (1)We are enclosed (2)Enclosed are (3)Enclosed is (4)Enclose

( ) 30. We look forward to _____ . (1)hear from you soon (2)hearing of you soon (3)you promptly reply (4)your prompt reply

( ) 31. The inspector looked at the _____ to check where the goods were produced. (1)bill of lading (2)commercial invoice (3)certificate of origin (4)consular invoice

（　　）32. We sent you a fax on October 12 _____ some information about your notebook computers.　(1)request　(2)requests　(3)requesting　(4)requested

（　　）33. A: What do you do?　B: _____　(1)I'm a sales assistant.　(2)I'm looking for a file.　(3)I'm good at typing.　(4)I am busy at work.

（　　）34. A325 有現貨嗎？（譯成英文）　(1)Do you have A325 in hand?　(2)Do you have A325 in line?　(3)Do you have A325 in stock?　(4)Do you have A325 in shop?

（　　）35. Please advise us by email once the goods have been shipped.（譯成中文）
(1)請以電郵一次通知貨物裝船。　(2)請以電郵方式，就這一次裝船事項提供意見。　(3)一旦貨物裝船，請電郵告知。　(4)一旦貨物裝船，請以電郵提供相關意見。

（　　）36. 下列何者不是貿易契約書之功能？　(1)確定交易之內容　(2)產地證明 (3)解決糾紛之依據　(4)方便履約。

（　　）37. 關於國際貿易契約的敘述，下列何者錯誤？　(1)代理契約中代理人必須自負盈虧　(2)經銷契約中經銷人可享有經銷賣方特定商品的權利　(3)預先簽訂之「一般交易協議書」的效力低於「個別交易協議書」　(4)契約中的基本交易條件通常包括品質、數量、價格、付款、交貨、保險等項。

（　　）38. 下列行為何者為要約？　(1)寄送價目表　(2)寄送型錄　(3)寄送樣品 (4)發出報價單。

（　　）39. 關於預期發票（Proforma Invoice）之敘述，下列何者錯誤？　(1)賣方交貨後簽發給買方　(2)可供買方向其政府申請輸入許可證　(3)可供買方向銀行申請外匯或開發信用狀　(4)只要進口商接受，即可視同契約。

（　　）40. 買方因市場行情變化而假藉理由向賣方提出之索賠屬於　(1)誤解索賠 (2)市場索賠　(3)正當索賠　(4)賣方索賠。

（　　）41. 如信用狀要求的運送單據為航空運送單據，則適用下列何種貿易條件？ (1)CIF　(2)FCA　(3)FAS　(4)FOB。

（　　）42. 美國對外貿易定義將FOB之解釋分為　(1)4種　(2)5種　(3)6種　(4)7種。

（　　）43. 依Incoterms 2010之規定，以FOB條件成交時，賣方發出貨物裝運通知之主

要用意是讓買方　(1)及時辦理貨物運輸保險手續　(2)及時開出信用狀　(3)及時辦理進口報關　(4)及時洽訂艙位。

(　) 44. 下列何者非CIF下賣方應負之責任？　(1)提供運費已付之運送單據　(2)提供商業發票　(3)提供保險單據　(4)負擔貨物運送風險。

(　) 45. 依Incoterms 2010之規定，FOB、CFR和CIF三種貿易條件不同之處為　(1)風險移轉點　(2)賣方負擔的費用　(3)運輸方式　(4)交貨地點。

(　) 46. 油價上漲、運費提高時，賣方應採取下列哪一項貿易條件較好？　(1)FOB　(2)CFR　(3)CIF　(4)DDP。

(　) 47. 我出口商由基隆出口一批家具至香港，可使用下列何者貿易條件？　(1)FOB香港　(2)FOB基隆　(3)DES基隆　(4)CIF基隆。

(　) 48. 定義FOB、CIF等不同貿易條件下，買賣雙方的義務之國際慣例是　(1)Incoterms 2010　(2)UCP 600　(3)URC 522　(4)ISP 98。

(　) 49. 依Incoterms 2010之規定，貿易條件之內涵不包括　(1)風險之移轉　(2)費用之負擔　(3)單據之提供　(4)價格之計算。

(　) 50. 依據Incoterms 2010之規定，Carriage and Insurance Paid to New York，其New York係指下列何者？　(1)Port of Loading　(2)Port of Discharge　(3)Place of Destination　(4)Place of Receipt。

(　) 51. 依據UCP 600之規定，信用狀有效期限因颱風銀行停止營業，其有效期限　(1)可順延一日　(2)可順延至次一營業日　(3)可順延兩日　(4)不可順延。

(　) 52. 有關SWIFT信用狀的敘述，下列何者錯誤？　(1)有一定的格式代號引導　(2)可構成有效的正本信用狀　(3)SWIFT發出的信用狀可自動核對密碼，可辨別真偽　(4)SWIFT L/C內文應載明開狀銀行的確切保證文字。

(　) 53. 補償交易的進行如需開發信用狀，一般以何種信用狀為佳？　(1)背對背信用狀　(2)紅條款信用狀　(3)擔保信用狀　(4)綠條款信用狀。

(　) 54. 信用狀內容出現"This Credit is available with any bank by negotiation."，表示該信用狀係　(1)直接信用狀　(2)自由讓購信用狀　(3)限押信用狀　(4)承兌信用狀。

（　）55. 下列何者不是買方向銀行申請信用狀開狀時通常要填具或提出的文件？
(1)開發信用狀約定書　(2)開狀申請書　(3)輸入許可證或交易憑證　(4)進口報單。

（　）56. 對外匯短缺的國家或信用不良的廠商出口貨物，宜要求對方採用何種付款方式？　(1)遠期L/C　(2)D/P　(3)O/A　(4)保兌之L/C。

（　）57. 進口商應憑下列哪一項單據辦理進口報關提貨事宜？　(1)提單　(2)大副收據　(3)裝貨單　(4)提貨單。

（　）58. 下列何者不屬於信用狀的特性？　(1)有價證券性　(2)文義性　(3)單據交易性　(4)無因性。

（　）59. 有關電子信用狀統一慣例（eUCP1.1）與信用狀統一慣例（UCP 600），下列敘述何者正確？　(1)適用eUCP1.1之信用狀，須明示其含有UCP 600，才能適用UCP 600　(2)當同時適用eUCP1.1與UCP 600，卻產生不同結果，應優先適用eUCP1.1之規定　(3)如依eUCP1.1僅可提示紙面單據時，應單獨適用eUCP1.1　(4)國際商會制定eUCP1.1係於2007年10月1日起正式實施。

（　）60. Deferred Payment Credit係指　(1)循環信用狀　(2)遠期信用狀　(3)無追索權信用狀　(4)延期付款信用狀。

（　）61. 有關信用狀之有效期限，應以下列何者規定，對受益人較為有利？　(1)受益人國家為準　(2)開狀申請人國家為準　(3)開狀銀行櫃臺為準　(4)償付銀行櫃臺為準。

（　）62. 有關L/C押匯單據之提示期限，若L/C未做規定，依UCP 600第14條c項規定應於下列何時提示？　(1)裝運日後3日內為之　(2)裝運日後7日內為之　(3)裝運日後15日內為之　(4)裝運日後不遲於21曆日提示。

（　）63. 有關轉押匯之敘述，下列何者錯誤？　(1)拒付時應由再押匯銀行向開狀銀行交涉　(2)審單工作由押匯銀行負責　(3)再押匯銀行負責寄單及求償　(4)再押匯銀行兼為保兌銀行時不適用。

（　）64. 依管理外匯條例之規定，掌理外匯之業務機關為下列何者？　(1)財政部　(2)經濟部　(3)中央銀行　(4)臺灣銀行。

（　）65. 「全額開狀」之情況下，進口商於何時向開狀銀行付清信用狀款項？

(1)申請開狀時　(2)出口押匯時　(3)進口贖單時　(4)報關提貨時。

(　) 66. 若出口商押匯所提示之單據不符合信用狀之規定，但符合買賣契約之規定，則下列何者正確？　(1)開狀銀行必須接受　(2)進口商可因此解除契約　(3)出口商不得以單據符合買賣契約為理由要求開狀銀行接受　(4)視實際情況而定。

(　) 67. 受益人提示跟單匯票押匯時，押匯銀行將接受下列哪一項單據？　(1)提單上之日期在裝船日期後　(2)匯票日期在押匯期限後　(3)商業發票上對貨品之記載與信用狀完全一樣　(4)保險單據生效日期在裝船日期後。

(　) 68. 下列何者不屬於以L/C辦理押匯時的單據瑕疵？　(1)Overdraw　(2)Short Shipment　(3)Late Presentation　(4)提單之貨物品名與L/C不同，但符合通用貨品名稱。

(　) 69. 下列何者不屬於輸出保險之承保危險範圍？　(1)政治危險　(2)信用危險　(3)國家風險　(4)海上貨物基本危險。

(　) 70. 投棄係屬於海損中的何種類型？　(1)推定全損　(2)實際全損　(3)單獨海損　(4)共同海損。

(　) 71. 有關Insurance Policy 與 Insurance Certificate兩者之敘述，下列何者錯誤？　(1)Insurance Policy 可供向保險索賠之用　(2)Insurance Certificate 為生效中的保險證明　(3)兩者之保險效力不同　(4)兩者均可供做押匯之用。

(　) 72. 平安險的承保範圍與下列哪一協會貨物條款相似？　(1)A條款　(2)B條款　(3)C條款　(4)D條款。

(　) 73. 下列何者適用於國際貨物運輸保險？　(1)海牙規則　(2)華沙公約　(3)約克安特衛普規則　(4)華沙牛津規則。

(　) 74. 依華沙公約之規定，空運貨物承運人對貨物的最高賠償責任為1公斤多少美元？　(1)50　(2)30　(3)20　(4)10。

(　) 75. CFS/CY 在起運地之裝櫃作業及目的地之拆櫃作業分別由何者負責？　(1)託運人，受貨人　(2)船公司，受貨人　(3)託運人，船公司　(4)船公司，託運人。

(　) 76. 在進口地提貨時，由進口商以B/L 去換領之單據是　(1)Delivery Order

(2)Shipping Order　(3)Bill of Lading　(4)Cargo Receipt。

(　) 77. 除信用狀另有規定外，通常提單之內容不須記載下列何項？　(1)貨物名稱及件數　(2)貿易條件　(3)被通知人　(4)提單份數。

(　) 78. 如海運提單上表明受貨人為 "to order" 時，則該提單應由下列何者背書始能流通轉讓？　(1)押匯銀行　(2)開狀銀行　(3)補償銀行　(4)託運人。

(　) 79. 有關空運提單之敘述，下列何者錯誤？　(1)具物權憑證　(2)作為運送契約　(3)作為貨物收據　(4)不能轉讓。

(　) 80. 有關Air Waybill之特性，下列敘述何者正確？　(1)背書轉讓性　(2)流通性　(3)受貨人採記名式　(4)屬有價證券。

第二回合

(　) 1. 下列何者非我國貿易法之規定，出進口人會損害我國商譽或產生貿易障礙之執業禁止行為？　(1)未依誠實及信用方法履行交易契約　(2)未依規定委託報關行辦理報關手續　(3)以不正當方法擾亂貿易秩序　(4)使用不實之輸出入許可證或相關貿易許可、證明文件。

(　) 2. 世界貿易組織（WTO）的最高決策機構為　(1)部長會議　(2)總理事會　(3)爭端解決機構　(4)貿易政策檢討機構。

(　) 3. 每年G8 高峰會由成員國輪流接任主辦，與會國會在政治、經濟、軍事等各方面交流意見，何謂G8？　(1)世界八大貿易國組織　(2)世界八大工業國組織　(3)世界八大農業國組織　(4)世界八大已開發國家組織。

(　) 4. 在國際貿易過程中，可能出現進口商藉故不開發信用狀之情況，此一風險稱為　(1)政治風險　(2)匯兌風險　(3)信用風險　(4)法律風險。

(　) 5. 下列何者是國際貿易的客體？　(1)貿易商　(2)進口商　(3)貨品　(4)出口商。

(　) 6. 出口商開具匯票向銀行辦理押匯，此種行為多在下列何種出口程序之後？　(1)詢報價　(2)簽訂契約　(3)辦理出口報關　(4)辦理出口簽證。

(　) 7. 下列哪一種尋找貿易對手的方法成本最低？　(1)寄發信函　(2)出國訪問

(3)刊登廣告　(4)參加商展。

(　) 8. 佣金制之代理貿易是　(1)以本人名義，為自己計算　(2)以本人名義，為本人計算　(3)以自己的名義，為自己計算　(4)以自己名義，為本人計算。

(　) 9. 完稅價格係指　(1)完稅後之價格　(2)作為課徵關稅之價格　(3)蔥售價格　(4)免稅價格。

(　) 10. 下列何者通常不是報關行的業務？　(1)代辦退稅的申請　(2)代理貨物海空運之安排　(3)安排進出口貨物之公證檢驗　(4)貨物成本估算。

(　) 11. 進口貨物完稅價格之核估，其外匯價格之匯率係以下列何者換算？　(1)報關前一日　(2)報關當日　(3)報關前一旬中間日　(4)報關前一個月中間日。

(　) 12. 商品檢驗費，一般商品其費率不得超過商品市價　(1)千分之一　(2)千分之二　(3)千分之三　(4)千分之四。

(　) 13. 依臺灣地區與大陸地區貿易許可辦法規定，准許輸入之大陸貨品在產品包裝及產地標示，註明下列哪一項則准予輸入？　(1)People's Republic of China　(2)China, Taiwan　(3)Taiwan Province　(4)China。

(　) 14. 出口商若於貨物報關出口前不慎遺失輸出許可證，應如何處理？　(1)申請補發　(2)申請註銷重簽　(3)申請延期　(4)申請修改。

(　) 15. 廠商於進出口報關時需於報單上填列之貨品分類號列是幾位碼？　(1)6位碼　(2)8位碼　(3)10位碼　(4)11位碼。

(　) 16. 木材交易宜採用下列哪種方式約定品質？　(1)樣品　(2)說明書　(3)標準品　(4)良好適銷品質。

(　) 17. 對買方而言，下列付款條件中，何者最能減輕營運資金的需求？　(1)L/C　(2)Cash With Order　(3)D/P At Sight　(4)D/A。

(　) 18. 在匯率波動幅度較大期間，母子公司間往來，宜採用下列何種付款方式？　(1)分期付款　(2)寄售　(3)記帳　(4)信用狀。

(　) 19. 依據Incoterms 2010之規定，CIF 條件下若貿易契約中未明訂投保種類，賣方至少應投保　(1)ICC(A)　(2)ICC(B)　(3)ICC(C)　(4)TLO。

(　) 20. 依Incoterms 2010之規定，以下哪一類貿易條件是以卸貨地為數量決定點？

(1)EXW　(2)FOB　(3)CFR　(4)DAP。

(　　) 21. 託收統一規則中所指之商業單據係指　(1)匯票　(2)本票　(3)支票　(4)貨運單據。

(　　) 22. 託收付款條件中，D/A 30 days sight與D/P 30 days sight最大的不同點為　(1)前者為商業匯票，後者為銀行匯票　(2)前者為銀行匯票，後者為商業匯票　(3)前者為承兌交單後30天付款，後者為承兌後30天付款交單　(4)兩者皆是出口商提供給買方的商業信用。

(　　) 23. 在CIP的貿易條件下，發生海上運輸的保險事故，通常由誰向保險公司提出索賠？　(1)賣方　(2)買方　(3)運輸公司　(4)押匯銀行。

(　　) 24. You will understand that we must increase sales by distributing through as many _____ as possible.　(1)factories　(2)consignees　(3)outlets　(4)contacts

(　　) 25. We would be grateful if you would allow us an _____ of three months to pay this invoice.　(1)extension　(2)exception　(3)intention　(4)invention

(　　) 26. We enclose our credit note No. C35 for $15.75, which is a _____ for the overcharge on invoice No. A321.　(1)balance　(2)debt　(3)refund　(4)bonus

(　　) 27. _____ your confirmation, we will execute the order.　(1)Upon receipt of　(2)After receive　(3)When we will receive　(4)As soon as receive

(　　) 28. If the quality of the goods comes up to our expectations, we can probably let you have _____ orders.　(1)trial　(2)regular　(3)rare　(4)usual

(　　) 29. Please confirm the order _____ email and send us the shipping information along with your invoice.　(1)by　(2)in　(3)on　(4)through

(　　) 30. The new model is _____ than the old one.　(1)more efficiently　(2)more better　(3)less cheaper　(4)much lighter

(　　) 31. The term "middle of a month" in the letter of credit shall be construed as　(1)the 5th to the 10th　(2)the 5th to the 15th　(3)the 11th to the 15th　(4)the 11th to the 20th.

(　　) 32. Please open the relative _____ as soon as possible so we can arrange shipment without delay.　(1)B/L　(2)L/C　(3)P/I　(4)T/T

(　　) 33. 您的貨款已逾期三個月。（譯成英文）　(1)You payment has expired for three months.　(2)Your payment expired three months ago.　(3)Your payment is overdue three months.　(4)Your payment is three months overdue.

(　　) 34. 儘管原物料價格上漲，我們仍維持原價。（譯成英文）　(1)Despite prices of raw materials have risen, our prices remain unchanged　(2)Although prices of raw materials have decreased, we maintain our old prices.　(3)Raw material prices have raised, but we maintain our existing prices.　(4)In spite of the rise in raw material prices, we maintain our existing prices.

(　　) 35. Please _____ to them for any information concerning our company.　(1)ask (2)refer　(3)consult　(4)request

(　　) 36. 下列何種報價不須再經原報價人同意，只要被報價人發出承諾通知，契約即成立？　(1)不確定報價　(2)穩固報價　(3)附條件報價　(4)逾期報價。

(　　) 37. 未訂有效期限的報價稱為　(1)General Offer　(2)Free Offer　(3)Firm Offer (4)Counter Offer。

(　　) 38. 下列何者不是「有效接受」的要件？　(1)接受報價人須是被報價人　(2)在報價的有效期限內接受　(3)接受大部分的報價內容　(4)未附帶條件的接受。

(　　) 39. 在各種解決商務糾紛的方法中，手續最繁雜與曠日費時，且耗損金錢及精神的是　(1)和解　(2)調解　(3)仲裁　(4)訴訟。

(　　) 40. 對於品質不良糾紛，仲裁地之選擇宜採　(1)起岸地主義　(2)被告地主義 (3)第三國主義　(4)離岸地主義。

(　　) 41. Warsaw Oxford Rules只解釋下列哪一種貿易條件？　(1)FOB　(2)CIF (3)CFR　(4)C & I。

(　　) 42. 依Incoterms 2010之規定，下列何種貿易條件買方的責任最重？　(1)EXW (2)FOB　(3)DAT　(4)DDP。

(　　) 43. 依Incoterms 2010之規定，下列何種貿易條件需附加起運港的名稱？ (1)FOB　(2)CFR　(3)CIF　(4)C & I。

(　) 44. 依Incoterms 2010之規定，貨物運輸過程中的風險完全由賣方承擔的貿易條件是　(1)EXW　(2)FAS　(3)CIP　(4)DAP。

(　) 45. 依Incoterms 2010之規定，在EXW條件下，賣方需不需要負責把貨物裝上買方所提供之運輸工具？　(1)需要　(2)不需要　(3)不確定　(4)由賣方決定。

(　) 46. 信用狀中以FOB為貿易條件，但又規定船運由賣方安排，則運輸途中所發生的損失應由何方負擔？　(1)買方　(2)賣方　(3)船公司　(4)保險公司。

(　) 47. 我國海關對貨物進出口值的統計，係根據何種貿易條件？　(1)出口FOB；進口FOB　(2)出口CIF；進口CIF　(3)出口FOB；進口CIF　(4)出口 CIF；進口 FOB。

(　) 48. 下列何者不是有關貿易條件之國際慣例？　(1)國貿條規　(2)美國對外貿易定義　(3)信用狀統一慣例　(4)華沙牛津規則。

(　) 49. 下列何者不在FOB出口報價計算之內？　(1)預期利潤　(2)包裝費　(3)海運費　(4)銀行手續費。

(　) 50. 若賣方對進口報關手續沒有把握，不宜採用下列哪種貿易條件？　(1)DDP　(2)FAS　(3)CIF　(4)EXW。

(　) 51. 信用狀正本送達賣方之途徑，下列哪一種方式最常見？　(1)開狀銀行直接寄給賣方　(2)開狀申請人轉交　(3)通知銀行轉交　(4)透過求償銀行轉交。

(　) 52. 經通知銀行通知之信用狀，對賣方的主要好處為　(1)不會遺失　(2)能確認真實性　(3)較迅速　(4)節省費用。

(　) 53. 下列何種信用狀，較適合中間商不想讓買主及供應商直接接觸的交易？　(1)擔保信用狀　(2)背對背信用狀　(3)循環信用狀　(4)轉讓信用狀。

(　) 54. 在信用狀交易中，下列何者不可能是讓購銀行（Negotiating Bank）？　(1)保兌銀行　(2)押匯銀行　(3)付款銀行　(4)通知銀行。

(　) 55. 依UCP 600規定，信用狀有效日期及提示單據之截止日，若適逢銀行休假日，則　(1)仍按當日計算　(2)可順延至次一個銀行營業日　(3)需提前至上一個銀行營業日　(4)修改信用狀以符合要求。

（　）56. 依UCP 600之規定，信用狀與買賣契約之關係為　(1)相互獨立　(2)相互依賴　(3)部分相關　(4)相互拘束。

（　）57. 買方到往來銀行開發信用狀給賣方，買方被稱為　(1)申請人（Applicant）　(2)受益人（Beneficiary）　(3)開票人（Drawer）　(4)付款人（Payer）。

（　）58. 依UCP 600之規定，在信用狀交易中，負最終付款義務的當事人是　(1)押匯銀行　(2)開狀銀行　(3)通知銀行　(4)補償銀行。

（　）59. 對出口商資金運用而言，下列條件何者較為有利？　(1)Deferred Payment Credit at 60 days after B/L date　(2)Deferred Payment Credit at 45 days after receipt shipping documents　(3)Usance 60 days after sight　(4)Usance 60 days after B/L date。

（　）60. 信用狀正本在提示押匯銀行辦理押匯完畢後，該信用狀正本，押匯銀行將如何處理？　(1)交還受益人　(2)逕寄開狀銀行　(3)逕寄開狀申請人　(4)押匯銀行留底存查。

（　）61. 有關保兌銀行之敘述，下列何者錯誤？　(1)是受開狀銀行所委託，故由開狀銀行授權之　(2)一旦對不可撤銷信用狀予以保兌，就承擔兌付之義務　(3)開狀銀行無法付款時，保兌銀行才對提示單據之受益人付款　(4)保兌銀行與開狀銀行對受益人而言，同時負有付款或承兌之責任。

（　）62. L/C中規定於7月、8月、9月分三批裝船，出口商於7月裝完第一批後，8月份來不及裝運，擬於9月份再裝運，則　(1)L/C對第二批、第三批已無效　(2)可連同第二批交運　(3)第二批不能裝，只能裝第三批　(4)只要在9月底前裝完三批貨即可。

（　）63. 當進口貨物較押匯單證正本先到達進口地，且進口商已從出口商接到副提單（Duplicate B/L），則進口商可用下列何種方式辦理提貨？　(1)副提單提貨　(2)擔保提貨　(3)副提單背書提貨　(4)小提單提貨。

（　）64. 出口押匯時，出口商所簽發的匯票，是屬於　(1)Banker's Bill　(2)Banker's Check　(3)Commercial Bill　(4)Clean Bill。

（　）65. 如果貿易條件為FOB時，除信用狀另有規定外，受益人所提示的押匯文件不必有　(1)匯票　(2)商業發票　(3)提單　(4)保險單或保險證明書。

( ) 66. 有關目前我國銀行界所承做之出口押匯，下列敘述何者錯誤？ (1)買賣行為 (2)授信行為 (3)質押墊款性質 (4)匯票在此係屬為擔保清償墊款之信託行為。

( ) 67. 依ISBP規定，有關匯票的簽發日期之說明，下列何者適當？ (1)不可早於提示日，也不可與提示日同一日 (2)宜早於B/L Date幾日 (3)不可早於B/L Date，可與B/L Date同一日 (4)宜早於B/L Date，不可與B/L 同一日。

( ) 68. 依 ISBP及 UCP 600 銀行審單原則，下列何者錯誤？ (1)除匯票外，銀行可接受所有單據得由受益人以外之人簽發 (2)銀行收到所提示單據非屬信用狀所要求者，將不予理會 (3)拼字錯誤或繕打錯誤不影響該字或該句意義時，不構成單據瑕疵 (4)銀行須審核單據上數學計算明細。

( ) 69. 海上貨物運輸保險所承保之危險是 (1)基本危險與特殊危險 (2)政治危險 (3)信用危險 (4)國家危險。

( ) 70. 海上貨物運輸保險金額一般係以 (1)發票金額加一倍 (2)發票金額加10% (3)低於貨物發票金額 (4)信用狀金額投保。

( ) 71. 保險單上記載TBD 係指 (1)保險費待通知 (2)保險條件待通知 (3)船名、航次與開航日期待通知 (4)受益人待通知。

( ) 72. 以CIF或CIP條件出口時，出口商應於下列何時辦理投保手續，才能獲得充分的保障？ (1)貨物裝船後 (2)辦理押匯的同時 (3)貨物交運前或裝船前 (4)船舶駛離裝船港。

( ) 73. 以出口商的立場要掌握保險品質，又要善用保險來做貿易的避險工具，最好以何種貿易條件出貨買保險？ (1)FOB (2)CFR (3)CIF (4)CPT。

( ) 74. 20呎貨櫃簡稱為 (1)FEU (2)TEU (3)HQ (4)OCP。

( ) 75. MAWB提貨時是 (1)認單不認人 (2)認人不認單 (3)須經過背書 (4)完全與海運提單相同，只要證明其為提單上之受貨人即可。

( ) 76. 裝船通知（Shipping Advice）是由a.出口商；b.船公司或貨運承攬業者；c.港務局；d.進口商等四單位中的誰寄給誰？ (1)b→d (2)c→d (3)a→c (4)a→d。

( ) 77. 提單上以預先印定措辭表明貨物業已裝載或裝運於標名之船舶，則提單上

之何種日期將視為裝載日期及裝運日期？ (1)接管日期 (2)簽發日期
(3)接收貨物日期 (4)收取單據日期。

( ) 78. 在定期船的運費結構中，CAF是代表 (1)超大附加費 (2)燃料調整因素
(3)幣值調整因素 (4)港口壅塞附加費。

( ) 79. 出口商出貨後，即向運送人提出電報放貨申請，然後直接在貨物運抵目的
地時，將貨物交給下列何者？ (1)進口商 (2)船務公司代理人 (3)倉儲公
司人員 (4)海關。

( ) 80. 運送人簽發清潔提單後，若有下列何種狀況，運送人可以不賠？ (1)部分
貨物數量不足 (2)部分貨物嚴重破損 (3)部分貨物外包裝完好，但箱內貨
物短缺 (4)提單未加註 "shipper's load and count"。

第三回合

( ) 1. 下列何者非我國貿易法第17條規定，出進口人執業禁止之行為？ (1)侵害
我國或他國依法保護之智慧財產權 (2)未依規定標示來源產地或標示不實
(3)未依規定申報商標或申報不實 (4)未依規定支付進口銷售代理商高額佣
金。

( ) 2. 代表公司招待國外客戶時，下列何者錯誤？ (1)注意國際禮儀 (2)尊重客
戶文化背景 (3)事先瞭解客戶有無飲食禁忌 (4)強行要求客戶接受我國習
俗。

( ) 3. 下列哪一項規定違反WTO國民待遇原則？ (1)政府規定來自外國的童裝必
須檢驗是否含有螢光物質，國產童裝則毋須檢驗 (2)政府規定來自中國的
進口貨品必須航經第三國港口，其他國家的進口產品則可以直航 (3)政府
規定來自外國的汽車與國產汽車均須通過相同的檢驗標準 (4)政府規定來
自狂牛疫區的牛肉不准進口。

( ) 4. 下列何者非國內貿易所可能面臨的特有風險？ (1)信用風險 (2)匯兌風險
(3)價格風險 (4)商貨風險。

( ) 5. 下列何者屬於有形貿易？ (1)專利 (2)保險 (3)成衣 (4)觀光。

（　）6. 生產廠商自行建立國際行銷網路，以自有品牌或商標銷售產品稱為 (1)OEM (2)ODM (3)OBM (4)ORM。

（　）7. 下列哪一個步驟須於出口報關前完成？ (1)出口押匯 (2)出口檢驗 (3)領取提單 (4)贖單。

（　）8. 招徠函的附件通常不包括 (1)價目表 (2)商品目錄 (3)樣品 (4)契約書。

（　）9. 進口貨物之營業稅由哪一單位代徵？ (1)關稅局 (2)國稅局 (3)經濟部 (4)代收銀行。

（　）10. 目前進口貨物由海關代徵之營業稅稅率為 (1)百分之五 (2)千分之一 (3)千分之五 (4)萬分之五。

（　）11. 進口貨物完稅價格之核估，其外匯價格之匯率係以下列何者換算？ (1)報關前一日 (2)報關當日 (3)報關前一旬中間日 (4)報關前一個月中間日。

（　）12. 進口危險物品之提貨應辦理 (1)正常提貨 (2)船邊提貨 (3)貨櫃提貨 (4)共同海損提貨。

（　）13. 進口貨品與輸入許可證內容不符時，應如何處理？ (1)重新申請簽證 (2)申請註銷 (3)申請修改 (4)請海關放行。

（　）14. 出口商若於貨物報關出口前不慎遺失輸出許可證，應如何處理？ (1)申請補發 (2)申請註銷重簽 (3)申請延期 (4)申請修改。

（　）15. 公證公司除提供客戶的檢驗服務外，同時也因應一些開發中國家要求，為防止走私及逃稅等，在出口國執行 (1)PSI檢驗 (2)PDA檢驗 (3)CNS檢驗 (4)DNA檢驗。

（　）16. 下列何者不屬於一般貿易契約書所稱的基本條款？ (1)品質、數量條款 (2)包裝、保險條款 (3)價格、交貨、付款條款 (4)檢驗、索賠條款。

（　）17. 大型機器設備之買賣，適用下列何種品質認定時點？ (1)出廠品質 (2)裝運品質 (3)卸貨品質 (4)買方倉庫品質。

（　）18. 下列何者不屬於訂貨時付現金的付款方式？ (1)信匯 (2)電匯 (3)銀行匯票 (4)信用狀。

（　）19. Shipping Mark 的主要功能不包括 (1)搬運時易於識別 (2)簡化賣方單據

之製作　(3)保護貨物減少損壞　(4)促銷商品。

(　　) 20. 契約中約定，當交易發生糾紛時，交由仲裁機構之仲裁人來作公正的判斷，此條件稱為　(1)Claims　(2)Arbitration　(3)Force Majeure　(4)Proper Law。

(　　) 21. 買賣契約中約定Shipping Weight, any loss in weight exceeding 2% to be allowed for by the seller，請問2%係指　(1)Approximate　(2)Franchise　(3)Option　(4)Penality。

(　　) 22. 依據URC 522之規定，下列何者不屬於「商業單據」？　(1)運送單據　(2)發票　(3)匯票　(4)物權憑證。

(　　) 23. 記帳付款交易（O/A）的條件下，買方從何方取得貨運單據？　(1)押匯銀行　(2)由賣方直接寄交　(3)託收銀行　(4)航運公司。

(　　) 24. Your order No. A231 is now being processed and should be ready for _____ by next week.　(1)deliver　(2)pack　(3)dispatch　(4)ship

(　　) 25. As the photocopier is still under _____ , we'll repair it for free.　(1)warranty　(2)standard　(3)instruction　(4)construction

(　　) 26. If you are not already represented here, we should be interested in acting as your _____ agents.　(1)travel　(2)collection　(3)forwarding　(4)sole

(　　) 27. We are manufacturers of high quality _____ .　(1)office equipment　(2)fax machine　(3)furnitures　(4)kitchenwares

(　　) 28. The broken teapots have been kept aside _____ you need them to support a claim on your suppliers for compensation.　(1)as long as　(2)unless　(3)in case　(4)so that

(　　) 29. We _____ for 20 years.　(1)are in this line of business　(2)do business with European importers in washing machines　(3)have been exporting printers　(4)have established here as general exporters

(　　) 30. We apologize for the delay and trust it will not _____ .　(1)cause your inconvenience　(2)cause your problem　(3)cause you problem　(4)cause you inconvenience

( ) 31. Our prices are relatively low in comparison with _____ . (1)they (2)them (3)their (4)theirs

( ) 32. _____ the trade discount stated, we would allow you a special first-order discount of 3%. (1)In spite of (2)In regard to (3)In addition to (4)In reply to

( ) 33. Please _____ the overdue payments immediately. (1)solve (2)pay (3)settle (4)exchange

( ) 34. A: This clock comes with batteries, doesn't it? B: _____ (1)That's right. There is a ten percent service charge. (2)No. I'm afraid they're sold separately. (3)Yes. You'll save time if you do. (4)Yes. There have been several reports of damage.

( ) 35. 因貴方與本公司長期合作，我們將照定價打75折給您。（譯成英文） (1)Because of your long association with our company, we will give you a discount of 75% off the list price. (2)Because of your long association with our company, we will grant you a 75% discount of the list price. (3)Because of your long association with our company, we will allow you 25% of the list price. (4)Because of your long association with our company, we will offer you a 25% discount off the list price.

( ) 36. 以取得輸出許可證為條件之報價屬於 (1)Firm Offer (2)Special Offer (3)Standing Offer (4)Conditional Offer。

( ) 37. 下列何者對於報價人具有約束力？ (1)附條件報價 (2)未確定報價 (3)還價 (4)穩固報價。

( ) 38. 我方於8月1日對外報價，有效期限至8月5日止，對方於8月3日回電還價並請我方回覆，此時，國際市場價格上漲，我方未予答覆。對方又於8月5日來電表示接受我方8月1日的報價，則 (1)接受有效 (2)接受無效 (3)如我方未提出異議，則契約成立 (4)屬於附條件的接受。

( ) 39. 船公司在運輸過程中因貨物處理不當，致使貨物受損，理應賠償貨主，此稱為 (1)貿易索賠 (2)保險索賠 (3)運輸索賠 (4)買賣索賠。

（　）40. 有關我國仲裁判斷效力之敘述，下列何者正確？　(1)比法院之確定判決效力低　(2)比法院之確定判決效力強　(3)與法院之確定判決具有同一效力　(4)當事人可向仲裁人提出上訴。

（　）41. 下列何者不是解釋貿易條件的國際慣例？　(1)UCP 600　(2)Incoterms 2000　(3)American Definition　(4)Warsaw Oxford Rules。

（　）42. 在 C & I 貿易條件下，下列何者正確？　(1)賣方負責洽船　(2)賣方負責投保　(3)買方負責投保　(4)賣方報價中包含運費在內。

（　）43. 買方以信用狀付款時，開狀前即應先投保貨物運輸保險之貿易條件為　(1)FCA　(2)CIF　(3)CIP　(4)DDP。

（　）44. 依Incoterms 2010之規定，以裝運地品質為準之貿易條件不適用下列哪一項？　(1)CIF　(2)FAS　(3)DAP　(4)FOB。

（　）45. FOB與CIF之差異為何？　(1)風險移轉點不同　(2)品質的決定時點不同　(3)數量的決定時點不同　(4)出口報價的成本構成不同。

（　）46. 貿易條件是FOB時，信用狀受益人所提示的押匯文件不需要下列哪一項單證？　(1)商業發票　(2)提單　(3)保險單　(4)匯票。

（　）47. 依Incoterms 2010之規定，CIF貿易條件下，賣方於何時完成交貨？　(1)貨物運至指定目的港，由買方提貨時　(2)貨物在裝運港裝載於船舶上時　(3)貨物交付買方所指定之運送人時　(4)貨物運至指定目的港的碼頭時。

（　）48. 下列何種貿易條件其風險移轉點相同？　(1)CIP，CIF　(2)FOB，FAS　(3)CPT，FCA　(4)DAT，DAP。

（　）49. 下列貿易條件之表示，何者錯誤？　(1)FAS：Free Alongside Ship　(2)FCA：Free Carriage　(3)CPT：Carriage Paid to　(4)DAP：Delivered AT Place。

（　）50. 由買賣雙方所約定的貿易條件即可判斷該筆交易的　(1)付款時間　(2)品質決定方式　(3)交貨時間　(4)交貨地點。

（　）51. 限押信用狀之下的部分轉讓，通常以下列何者為辦理分割轉讓之銀行？　(1)開狀銀行　(2)押匯銀行　(3)保兌銀行　(4)付款銀行。

( ) 52. 若L/C規定有效期限為4月28日，最後裝船日為4月20日，且規定必須於運送
單據發行後八天內辦理押匯，而提單裝船日期為3月31日，請問提示單據辦
理押匯之有效期限為何？ (1)4月5日 (2)4月8日 (3)4月20日 (4)4月28
日。

( ) 53. 如果開狀銀行信用不佳時，對出口商而言，該信用狀最好是 (1)經保兌
(2)可轉讓 (3)可撤銷 (4)可轉運。

( ) 54. 信用狀如規定受益人開發遠期匯票，其票據期間利息（貼現息）由賣方負
擔者稱為 (1)Deferred Payment L/C (2)Sight L/C (3)Buyer's Usance L/C
(4)Seller' s Usance L/C。

( ) 55. 依UCP 600規定，除信用狀上另有規定外，銀行可否接受提單簽發日期早
於開狀日期？ (1)可以 (2)不可以 (3)需先經買方同意 (4)視狀況而
定。

( ) 56. 開狀銀行應買方的要求開出信用狀，賣方是因為有下列何種信用才願意裝
運貨物出口？ (1)買方信用 (2)賣方信用 (3)開狀銀行信用 (4)有保證
金。

( ) 57. Seller's Usance信用狀之利息由下列何者負擔？ (1)受益人 (2)申請人
(3)開狀銀行 (4)補償銀行。

( ) 58. 依UCP 600之規定，信用狀一經保兌，則保兌銀行所負之確定義務與下列
何者完全相同？ (1)開狀銀行 (2)通知銀行 (3)押匯銀行 (4)補償銀
行。

( ) 59. 電子信用狀統一慣例（eUCP）共有多少條文？ (1)600條 (2)39條 (3)12
條 (4)10條。

( ) 60. 新版信用狀統一慣例UCP 600，共有多少條文？ (1)30條 (2)39條 (3)49
條 (4)55條。

( ) 61. 若信用狀規定提示四份商業發票，「四份」之英文為 (1)Duplicate
(2)Triplicate (3)Quadruplicate (4)Quintuplicate。

( ) 62. 出口商如遇奈及利亞商人自行攜帶信用狀來臺採購時，較佳之處理方式為
(1)L/C是付款保證，因此可以接受 (2)只要能提示L/C上規定之單據就應該

沒有問題 (3)只要是可轉讓L/C應為陷阱 (4)因L/C未經銀行通知，難以判斷其真偽，礙難接受。

( ) 63. 凡進口商向開狀銀行融資開狀時，提單抬頭人為 (1)託運人 (2)押匯銀行 (3)開狀銀行 (4)通知銀行。

( ) 64. Fumigation Certificate係指下列何種單據？ (1)檢驗證明書 (2)原產地證明書 (3)船公司附加聲明書 (4)燻蒸證明書。

( ) 65. 信用狀若已要求出具海關發票時，大多不再要求提供下列何種單據，因海關發票已具有此單據之功能？ (1)信用狀 (2)檢驗證明書 (3)提單 (4)產地證明書。

( ) 66. 出口商辦理押匯時，填寫匯出匯款申請書的目的通常為支付 (1)佣金 (2)運費 (3)保險費 (4)貼現息。

( ) 67. 有關Forfaiting之敘述，下列何者錯誤？ (1)融資期限多為中長期半年至數年 (2)Forfaiter對出口商有追索權 (3)有進口國銀行或政府機構對票據保證 (4)提供出口商中長期出口融資及規避風險，成為拓展新興市場之優勢。

( ) 68. 信用狀交易下，匯票（Bill of Exchange）之付款人通常為 (1)開狀銀行 (2)出口商 (3)押匯銀行 (4)通知銀行。

( ) 69. 有關輸出融資綜合保險，下列敘述，何者錯誤？ (1)保險金額為保險價額的90% (2)以輸出融資金額為保險標的 (3)因出口商信用危險致融資不能收回之損失，不負責賠償 (4)係以融資銀行為要保人或被保險人。

( ) 70. 依據UCP 600 之規定，若保險單之生效日期較提單裝船日期為遲時，通常受理單證的銀行將如何處理？ (1)照單全收 (2)拒絕接受 (3)不置可否 (4)留待通知。

( ) 71. 協會貨物條款B條款與下列何者的承保範圍相類似？ (1)WR (2)FPA (3)AR (4)WA。

( ) 72. 以FOB或CFR條件進口時，進口商應於下列何時辦理投保手續，才能獲得完整的保障？ (1)貨物裝運後 (2)申請開發信用狀前或貨物裝運前 (3)提領貨物時 (4)船舶抵達進口港時。

（　）73. 一般的貨物水險保單都是屬於　(1)航程保單　(2)定期保單　(3)航空保單　(4)增值分紅保單。

（　）74. Short Form Bill of Lading 又稱為　(1)背面空白提單　(2)可轉讓提單　(3)分提單　(4)備運提單。

（　）75. 依UCP 600 之規定，下列何種提單不被銀行所接受？　(1)On Board B/L　(2)Unclean B/L　(3)Short Form B/L　(4)Third Party B/L。

（　）76. 海運提單上註明 "said to contain" 字樣，係指該批貨物運送方式應為　(1)CY　(2)CFS　(3)LCL　(4)CIF。

（　）77. 下列何者運送方式適合同一託運人（Shipper）及同一受貨人（Consignee）？　(1)CY/CFS　(2)CY/CY　(3)CFS/CY　(4)CFS/CFS。

（　）78. 貨櫃運輸之運輸路線所稱 "Land Bridge"，係採下列哪一種複合運送？　(1)海—陸—海　(2)海—陸　(3)陸—海—陸　(4)海—陸—陸。

（　）79. 貨物須以兩種以上不同運輸工具才能到達目的地時所簽發涵蓋全程的運送單據，稱為　(1)承攬運送人簽發之運送單據　(2)複合運送單據　(3)備船提單　(4)海運貨單。

（　）80. 海運提單的表面條款記載 "one of which being accomplished, the others to stand void"，若發行份數為4 份，則當提出幾份時，其餘海運提單變成無效？　(1)1份　(2)2份　(3)3份　(4)4份。

解答：

第一回合

1.	2.	3.	4.	5.	6.	7.	8.	9.	10.
(3)	(1)	(2)	(3)	(3)	(4)	(4)	(3)	(4)	(2)
11.	12.	13.	14.	15.	16.	17.	18.	19.	20.
(3)	(1)	(1)	(2)	(3)	(1)	(1)	(2)	(4)	(2)
21.	22.	23.	24.	25.	26.	27.	28.	29.	30.
(4)	(4)	(1)	(2)	(3)	(3)	(3)	(4)	(2)	(4)
31.	32.	33.	34.	35.	36.	37.	38.	39.	40.
(3)	(3)	(1)	(3)	(3)	(2)	(1)	(4)	(1)	(2)
41.	42.	43.	44.	45.	46.	47.	48.	49.	50.
(2)	(3)	(1)	(4)	(2)	(1)	(2)	(1)	(4)	(3)
51.	52.	53.	54.	55.	56.	57.	58.	59.	60.
(4)	(4)	(1)	(2)	(4)	(4)	(4)	(1)	(2)	(4)
61.	62.	63.	64.	65.	66.	67.	68.	69.	70.
(1)	(4)	(1)	(3)	(1)	(3)	(3)	(4)	(4)	(4)
71.	72.	73.	74.	75.	76.	77.	78.	79.	80.
(3)	(3)	(3)	(3)	(2)	(1)	(2)	(4)	(1)	(3)

第二回合

1.	2.	3.	4.	5.	6.	7.	8.	9.	10.
(2)	(1)	(2)	(3)	(3)	(3)	(1)	(2)	(2)	(4)
11.	12.	13.	14.	15.	16.	17.	18.	19.	20.
(3)	(3)	(4)	(2)	(4)	(4)	(4)	(3)	(3)	(4)
21.	22.	23.	24.	25.	26.	27.	28.	29.	30.
(4)	(3)	(2)	(3)	(1)	(3)	(1)	(2)	(1)	(4)
31.	32.	33.	34.	35.	36.	37.	38.	39.	40.
(4)	(2)	(4)	(4)	(2)	(2)	(2)	(3)	(4)	(1)
41.	42.	43.	44.	45.	46.	47.	48.	49.	50.
(2)	(1)	(1)	(4)	(2)	(1)	(4)	(3)	(3)	(1)
51.	52.	53.	54.	55.	56.	57.	58.	59.	60.
(3)	(2)	(2)	(3)	(2)	(1)	(1)	(2)	(4)	(1)
61.	62.	63.	64.	65.	66.	67.	68.	69.	70.
(3)	(1)	(3)	(3)	(4)	(1)	(3)	(4)	(1)	(2)

71.	72.	73.	74.	75.	76.	77.	78.	79.	80.
(3)	(3)	(3)	(2)	(2)	(4)	(2)	(3)	(1)	(3)

第三回合

1.	2.	3.	4.	5.	6.	7.	8.	9.	10.
(4)	(4)	(1)	(2)	(3)	(3)	(2)	(4)	(1)	(1)
11.	12.	13.	14.	15.	16.	17.	18.	19.	20.
(3)	(2)	(3)	(2)	(1)	(4)	(4)	(4)	(4)	(2)
21.	22.	23.	24.	25.	26.	27.	28.	29.	30.
(2)	(3)	(2)	(3)	(1)	(4)	(1)	(3)	(3)	(4)
31.	32.	33.	34.	35.	36.	37.	38.	39.	40.
(4)	(3)	(3)	(2)	(4)	(4)	(4)	(2)	(3)	(3)
41.	42.	43.	44.	45.	46.	47.	48.	49.	50.
(1)	(2)	(1)	(3)	(4)	(3)	(2)	(3)	(2)	(4)
51.	52.	53.	54.	55.	56.	57.	58.	59.	60.
(2)	(2)	(1)	(4)	(1)	(3)	(1)	(1)	(3)	(2)
61.	62.	63.	64.	65.	66.	67.	68.	69.	70.
(3)	(4)	(3)	(4)	(4)	(1)	(2)	(1)	(3)	(2)
71.	72.	73.	74.	75.	76.	77.	78.	79.	80.
(4)	(2)	(1)	(1)	(2)	(1)	(2)	(1)	(2)	(1)

職場專門店

五南文化事業機構
WU-NAN CULTURE ENTERPRISE

書泉出版社
SHU-CHUAN PUBLISHING HOUSE

國家圖書館出版品預行編目資料

國貿實務：國貿業務技術士丙級－學科／國貿
研究小組著. －－五版. －－臺北市：五南,
2016.08
　面；　公分
ISBN 978-957-11-8679-5（平裝附光碟）

1.國際貿易實務

558.7　　　　　　　　　　105011528

1059

國貿實務：國貿業務技術士丙級－學科（附光碟）

作　　　者－ 國貿研究小組

發 行 人－ 楊榮川

總 編 輯－ 王翠華

主　　編－ 侯家嵐

責任編輯－ 劉祐融

文字校對－ 林靖原

封面設計－ 盧盈良　陳翰陞

出 版 者－ 五南圖書出版股份有限公司

地　　　址：106台北市大安區和平東路二段339號4樓

電　　　話：(02)2705-5066　　傳　　真：(02)2706-6100

網　　　址：http://www.wunan.com.tw

電子郵件：wunan@wunan.com.tw

劃撥帳號：01068953

戶　　　名：五南圖書出版股份有限公司

法律顧問　林勝安律師事務所　林勝安律師

出版日期　2007年 8 月初版一刷
　　　　　2010年 2 月二版一刷
　　　　　2011年 9 月三版一刷
　　　　　2014年 2 月四版一刷
　　　　　2016年 8 月五版一刷

定　　　價　新臺幣320元